Impressum
Verlag: BABADADA GmbH, Nedderfeld 112 , 22529 Hamburg
Geschäftsführer / Verlagsleitung: Harald Hof
Druck: Books on Demand GmbH, In de Tarpen 42, 22848 Norderstedt

Imprint
Publisher: BABADADA GmbH, Nedderfeld 112 , 22529 Hamburg, Germany
Managing Director / Publishing direction: Harald Hof
Print: Books on Demand GmbH, In de Tarpen 42, 22848 Norderstedt, Germany

ትምህርት ቤት

школа

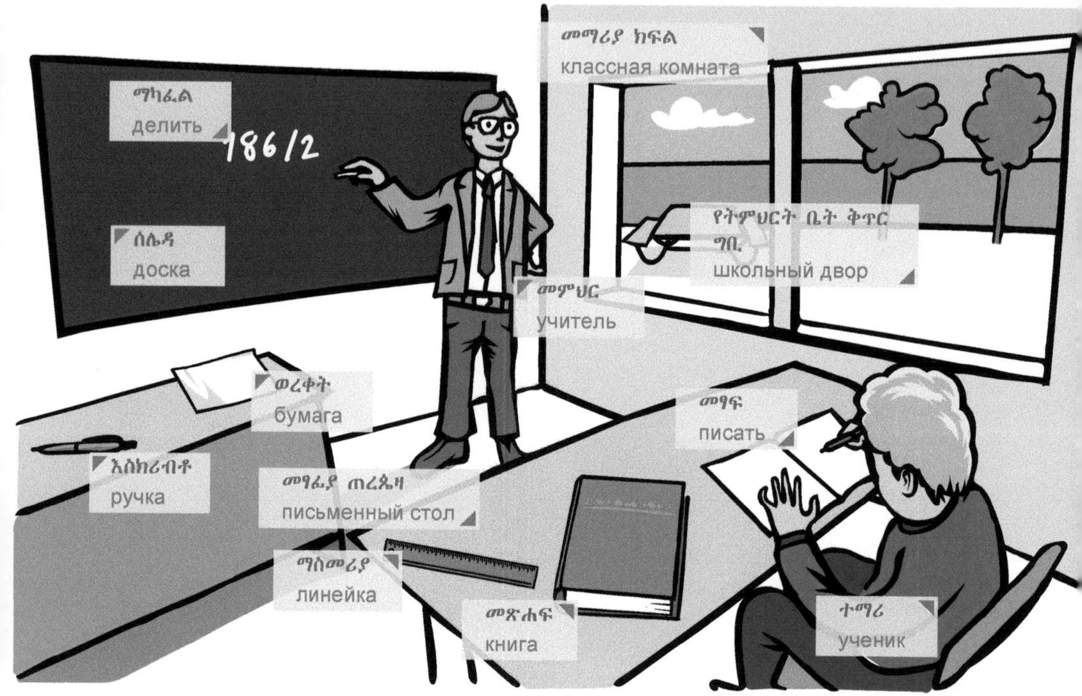

መማሪያ ክፍል
классная комната
ማካፈል
делить
186/2
ሰሌዳ
доска
የትምህርት ቤት ቅጥር ግቢ.
школьный двор
መምህር
учитель
ወረቀት
бумага
መፃፍ
писать
እስክሪብቶ
ручка
መፃፊያ ጠረጴዛ
письменный стол
ማስመሪያ
линейка
መጽሐፍ
книга
ተማሪ
ученик

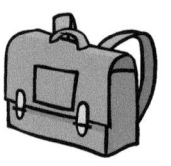

የጀርባ ቦርሳ

ранец

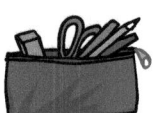

የእርሳስ መያዣ

пенал

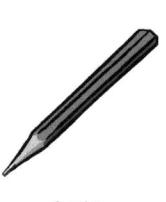

እርሳስ

карандаш

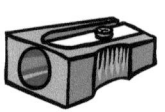

የእርሳስ መቅረጫ

точилка

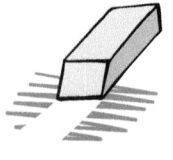

ላጲስ

ластик

የስዕል ደብተር

альбом для рисования

ስዕል

рисунок

የቀለም ብሩሽ

кисточка

የቀለም ሳጥን

коробка красок

መቀስ

ножницы

ማጣበቂያ

клей

መልመጃ ደብተር

тетрадь

የቤት ስራ

домашняя работа

12

ቁጥር

цифра

2+2

መደመር

прибавлять

5-2

መቀነስ

вычитать

2×2

ማባዛት

умножать

ቁጥሮችን ማስላት

считать

A

ደብዳቤ

буква

ABCDEFG HIJKLMN OPQRSTU VWXYZ

ፊደላት

алфавит

ቃል

слово

ፅሑፍ
....
текст

ማንበብ
....
читать

ጠመኔ
....
мел

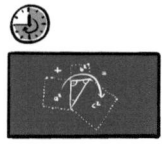

ትምህርት
....
урок

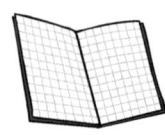

ምዝገባ
....
классный журнал

ፈተና
....
экзамен

ሰርተፊኬት
....
диплом

የትምህርት ቤት የደንብ ልብስ
....
школьная форма

ትምህርት
....
образование

አዉደ ጥበብ
....
энциклопедия

ዩኒቨርስቲ
....
университет

የምርምር አጉሊ መሳርያ
....
микроскоп

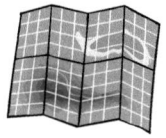

ካርታ
....
карта

የቆሻሻ ወረቀት መጣያ ቅርጫት
....
корзина для бумаг

путешествие

ሆቴል
гостиница

Grand

ማረፊያ ቤት
турбаза

ROOMS

የዉጭ ገንዘብ ምንዛሪ ቢሮ
пункт обмена валюты

EXCHANGE

ልብስ መያዣ
ሻንጣ
чемодан

መኪና
автомобиль

ቋንቋ
язык

አዎ / አይደለም
да / нет

እሺ
хорошо

ሰላም
Привет

አስተርጓሚ
переводчик

አመሰግናለሁ
Спасибо

ስንት ነዉ.......?

Сколько стоит…?

አልገባኝም

Я не понимаю

እክል

проблема

እንደምን አመሹ!

Добрый вечер!

እንደምን አደሩ!

Доброе утро!

መልካም ምሽት!

Доброй ночи!

ደህና ይሰንብቱ

До свидания

አቅጣጫ

направление

ሻንጣ

багаж

ቦርሳ

сумка

የጀርባ ቦርሳ

рюкзак

እንግዳ

гость

ክፍል

комната

የመተኛ ቦርሳ

спальный мешок

ድንኳን

палатка

ጉዞ - путешествие

የጎብኚዎች መረጃ
....
туристическая
информация

የባህር ዳርቻ
....
пляж

ክሬዲት ካርድ
....
кредитная карточка

ቁርስ
....
завтрак

ምሳ
....
обед

እራት
....
ужин

ቲኬት
....
билет

አሳንሰር
....
лифт

ማህተም
....
почтовая марка

ድንበር
....
граница

ባህሎች
....
таможня

ኤምባሲ
....
посольство

ቪዛ/የይለፍ ወረቀት
....
виза

ፓስፖርት
....
паспорт

መጓጓዣ

транспорт

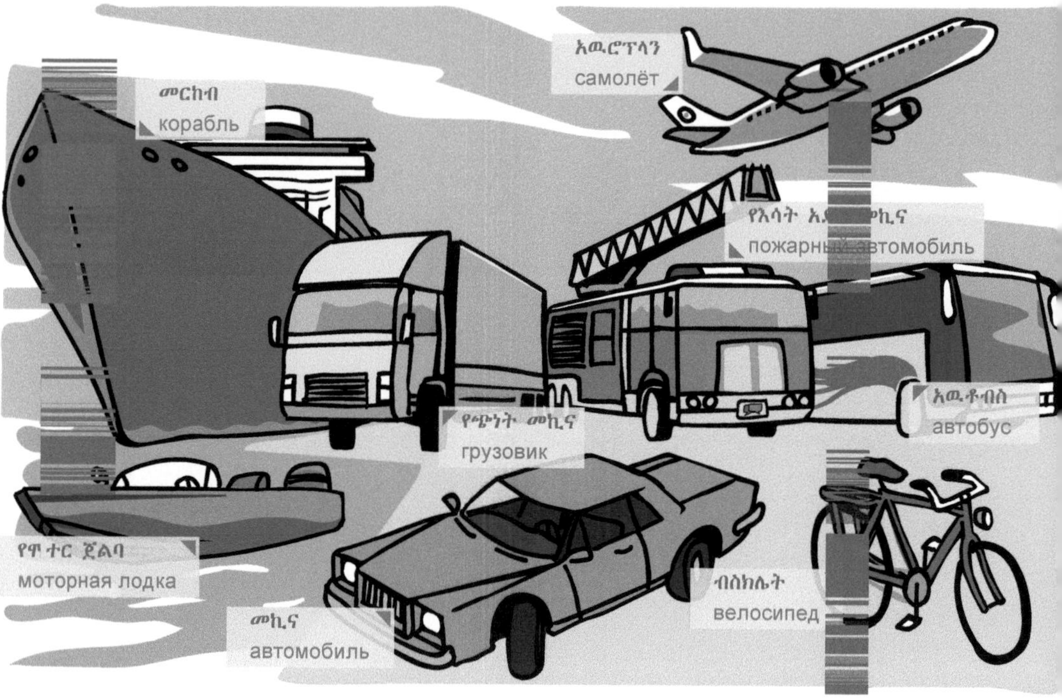

አዉሮፕላን
самолёт
መርከብ
корабль
የእሳት
пожарный автомобиль
አዉቶብስ
автобус
የጭነት መኪና
грузовик
የሞተር ጀልባ
моторная лодка
ብስክሌት
велосипед
መኪና
автомобиль

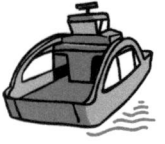

የማመላለሻ ጀልባ

паром

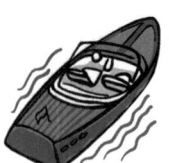

ጀልባ

лодка

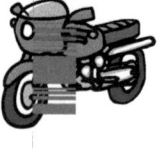

የሞተር ብስክሌት

мотоцикл

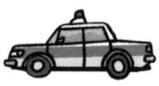

የፖሊስ መኪና

полицейский автомобиль

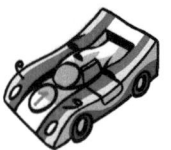

የዉድድር መኪና

гоночный автомобиль

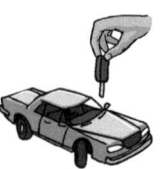

የኪራይ መኪና

арендованный автомобиль

የመኪና መጋራት

совместное пользование
автомобилями

ጎታች መኪና

буксировочный
автомобиль

የቆሻሻ ጭነት መኪና

мусоровоз

ሞተር

двигатель

ነዳጅ

топливо

የቤንዚን ማደያ

заправка

የመንገድ ምልክት

дорожный знак

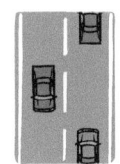

የመኪዎች እንቅስቃሴ

движение

የመኪና መጨናነቅ

пробка

የመኪና ማቆሚያ

автостоянка

የባቡር ጣቢያ

вокзал

የባቡር ሀዲዶች

рельсы

ባቡር

поезд

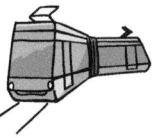

የኤሌክትሪክ ባቡር

трамвай

ሰረገላ

вагон

ሄሊኮፕተር
....
вертолёт

አየር ማረፊያ
....
аэропорт

ማማ
....
вышка

መንገደኛ
....
пассажир

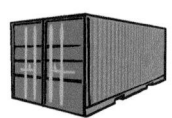

ማስቀመጫ፤ ማጠራቀሚያ
....
контейнер

ካርቶን እቃ ማሸጊያ
....
коробка

ጋሪ፤ ተሳቢ
....
тележка

ቅርጫት
....
корзина

መነሳት/ ማረፍ
....
взлетать / приземляться

ከተማ

город

መንደር
....
деревня

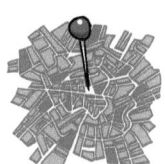

የከተማ ማዕከል
....
центр города

ቤት
....
дом

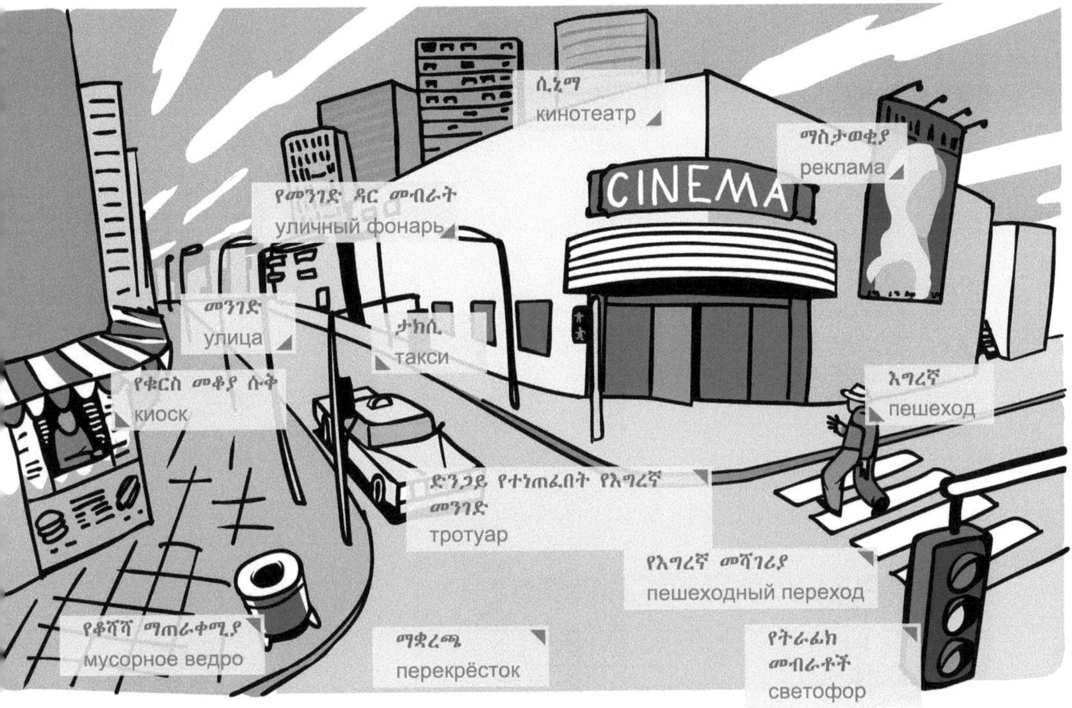

ሲኒማ
кинотеатр
CINEMA
ማስታወቂያ
реклама
የመንገድ ዳር መብራት
уличный фонарь
መንገድ
улица
ታክሲ
такси
የቁርስ መቆያ ሱቅ
киоск
እግረኛ
пешеход
ድንጋይ የተነጠፈበት የእግረኛ መንገድ
тротуар
የእግረኛ መሻገሪያ
пешеходный переход
የቆሻሻ ማጠራቀሚያ
мусорное ведро
ማቋረጫ
перекрёсток
የትራፊክ መብራቶች
светофор

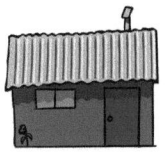

ጎጆ

хижина

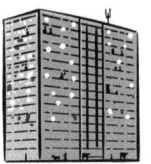

አፓርታማ

квартира

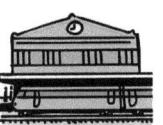

የባቡር ጣቢያ

вокзал

የከተማ አዳራሽ

ратуша

MUSEUM

ቤተ መዘክር

музей

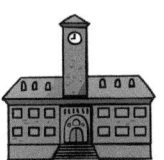

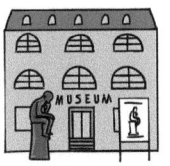

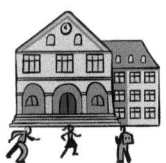

ትምህርት ቤት

школа

ዩኒቨርስቲ

университет

ባንክ

банк

ሆስፒታል

больница

ሆቴል

гостиница

መድሐኒት ቤት

аптека

ቢሮ

офис

መጽሐፍ መሸጫ

книжный магазин

ሱቅ

магазин

የአበባ መሸጫ

цветочный магазин

የሸቀጣ ሸቀጥ መደብር

супермаркет

ገበያ ስፍራ

рынок

መደብር

универмаг

የዓሳ ነጋዴ

торговец рыбой

የገበያ ማዕከል

торговый центр

ወደብ

порт

መናፈሻ ቦታ

парк

አግዳሚ ወንበር

скамейка

ድልድይ

мост

ደረጃዎች

лестница

ዉስጥ ለዉስጥ

метро

ዋሻ

тоннель

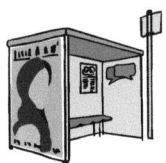

የአዉቶቡስ ፌርማታ

автобусная остановка

ባር

бар

ምግብ ቤት

ресторан

የፖስታ ሳጥን

почтовый ящик

የመንገድ ምልክት

табличка с названием
улицы

የመኪና ማቆሚያ ሒሳብ የሚያሳላ
ማሽን

паркометр

የደር እንስሳት ማቆያ

зоопарк

የመዋኛ ገንዳ

бассейн

መስጊድ

мечеть

እርሻ

ферма

የሚበክል ነገር

загрязнение окружающей среды

መቃብር ስፍራ

кладбище

ቤተ ክርስቲያን

церковь

መጫወቻ ሜዳ

детская площадка

ቤተ መቅደስ

храм

መልከዓምድር
ландшафт

ቅጠል
лист

የመንገድ ላይ ምልክት
дорожный указатель

መንገድ
дорога

አረንጓዴ መስክ
луг

ድንጋይ
камень

ዛፍ
дерево

በእግሩ የሚጓዝ
путешественник

ወንዝ
река

ሳር
трава

አበባ
цветок

ሸለቆ
....
долина

ኮረብታ
....
гора

ሀይቅ
....
озеро

ጫካ
....
лес

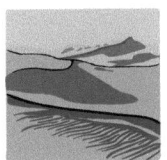

በረሃ
....
пустыня

እሳተ ገሞራ
....
вулкан

ግምብ
....
замок

ቀስተ ዳመና
....
радуга

እንጉዳይ
....
гриб

የቴምብር ዛፍ/ ዘንባባ
....
пальма

ቢንቢ/ የወባ ትንኝ
....
комар

በራሪ
....
муха

ጉንዳን
....
муравей

ንብ
....
пчела

ሸረሪት
....
паук

ጢንዚዛ

жук

እንቁራሪት

лягушка

ሽኮኮ

белка

ጃርት

еж

ጥንቸል

заяц

ጉጉት ወፍ

сова

ወፍ

птица

የዉሃ ዳክዬ

лебедь

ከርከሮ

кабан

አጋዘን

олень

አጋዘን

лось

ግድብ

плотина

በነፋስ የሚሽከረከር

ветряной генератор

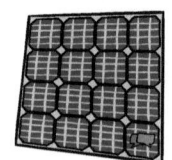

የፀሀይ ፓኔሎ

солнечная батарея

አየር ንብረት

климат

አስተናጋጅ
официант

ማዉጫ
меню

ወንበር
стул

ሾርባ
суп

ፒዛ
пицца

መክተፊያ
столовые приборы

የጠረጴዛ ጨርቅ
скатерть

የምግብ ፍላጎትን የሚከፍት
···ምግብ···
закуска

ዋና ምግብ
главное блюдо

ማጣጣሚያ ተከታይ ምግብ
десерт

መጠጦች
напитки

ምግብ
еда

ጠርሙስ
бутылка

ፈጣን ምግብ
фастфуд

የመንገድ ምግብ
уличная еда

የሻይ ማንቆርቆሪያ
чайник

የስኳር እቃ
сахарница

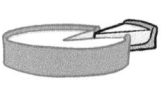

ድርሻ
порция

የቡና ማፊያ ማሽን
кофеварка

ባለጌ ወንበር
детский стульчик

የ ፍያ ደረሰኝ
счет

ትሪ
поднос

ቢላዋ
нож

ሹካ
вилка

ማንኪያ
ложка

የሻይ ማንኪያ
чайная ложка

ልብስ ምግብ እንዳይነካ የሚረዳ ጨርቅ
салфетка

ብርጭቆ
стакан

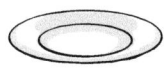

ዝርግ ሰህን

тарелка

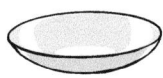

የሾርባ ጎድጓዳ ሰህን

суповая тарелка

የስኒ ማስቀመጫ

блюдце

ማጣፈጫ ስጎ

соус

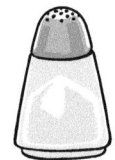

የጨዉ እቃ

солонка

የተፈጨ ቃሪያ

мельница для перца

ኮምጣጤ

уксус

የምግብ ዘይት

масло

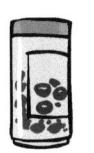

ቀመማ ቅመሞች

специи

የቲማቲም ድልህ

кетчуп

ሰናፍጭ

горчица

ማዮኔዝ

майонез

የሸቀጣ ሸቀጥ መደብር

супермаркет

ልዩ አቅራቦት
специальное предложение
ደምበኛ
покупатель
የወተት ተዋፅዖ
молочные продукты
ፍራፍሬ
фрукты
ባለ ጎማ የእጅ ጋሪ
тележка для покупок
FOR

BUTCHERS

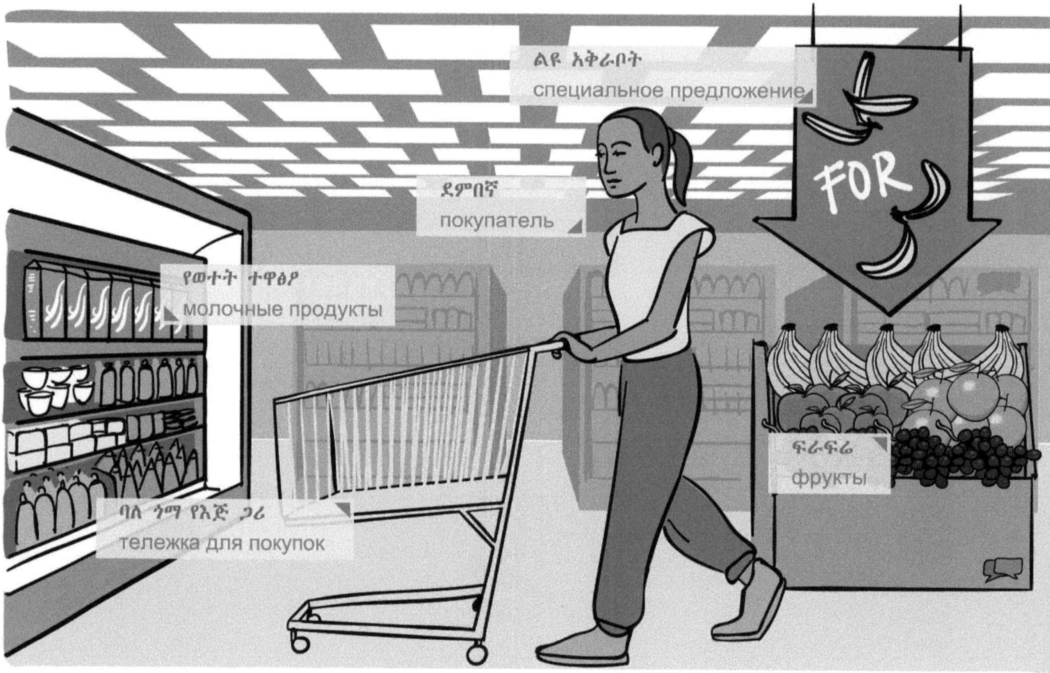

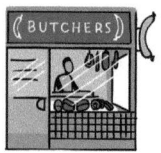

ሉካንዳ ነጋዴ

мясной магазин

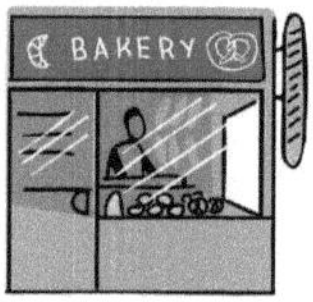

BAKERY

መጋገርያ

пекарня

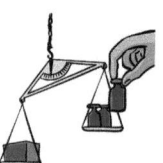

ክብደት መመዘን

взвешивать

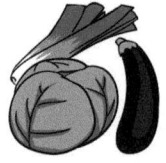

ቅጠላ ቅጠል አትክልት

овощи

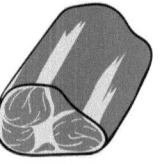

ስጋ

мясо

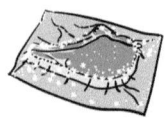

የቀዘቀዘ/የረጋ ምግብ

быстрозамороженные продукты

ቀዝቃዛ ቁራጭ

нарезка

የታሸገ ምግብ

консервы

የማጠቢያ ዱቄት

стиральный порошок

ጣፋጮች

сладости

የቤት ዉስጥ ዉጤቶች

предмет домашнего обихода

የዕዳት ምርቶች

моющее средство

የሽያጭ ባለሙያ

продавщица

የገንዘብ መመዝቢያ ማሽን

касса

የሒሳብ ሰራተኛ

кассир

የግዢ ዝርዝር

список покупок

ክፍት ሰዓታት

время работы

የኪስ ቦርሳ

бумажник

ክሬዲት ካርድ

кредитная карточка

ቦርሳ

сумка

የፕላስቲክ ቦርሳ

полиэтиленовый пакет

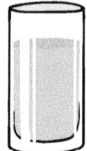

ዉሃ

вода

ጭማቂ

сок

ወተት

молоко

ኮካ-ኮላ

кока-кола

ወይን

вино

ቢራ

пиво

አልኮል

алкоголь

ኮካ

какао

ሻይ

чай

ቡና

кофе

የተፈላ ቡና

эспрессо

ካፑቺኖ

капучино

ሙዝ

банан

ፖም

яблоко

ብርቱካን

апельсин

ሀብሀብ

арбуз

ሎሚ

лимон

ካሮት

морковь

ነጭ ሽንኩርት

чеснок

ሽምበቆ

бамбук

ቀይ ሽንኩርት

лук

እንጉዳይ

гриб

ለዉዝ

орехи

የሀገናት ምግብ

лапша

ፓስታ

спагетти

ሩዝ

рис

ሰላጣ

салат

የድንች ጥብስ

картофель фри

ድንች ጥብስ

жареный картофель

ፒዛ

пицца

ዳቦ ዉስጥ በስሱ ተጠብሶ የገባ ስጋ

гамбургер

ሳንድዊች

сэндвич

ጥ ስጋ

шницель

የአሳማ ስጋ

ветчина

በቅመምና በጨዉ የታሸ ምግብ ቀዝቅዞ የሚበላ ሾርባ ምግብ

салями

ቋሊማ

колбаса

ዶሮ

курица

ጥብስ

жаркое

አሳ

рыба

የአጃ ገንፎ
....
овсяные хлопья

ከወተት ጋር ተደባልቀዉ የሚበሉ ...ምግቦች...
....
мюсли

የበቆሎ ቅርፊት
....
кукурузные хлопья

ዱቄት
....
мука

ኩራሳ
....
круассан

ድብልብል ዳቦ
....
булочка

ዳቦ
....
хлеб

መጥበስ
....
тост

ብስኩት
....
печенье

ቅቤ
....
масло

እርጎ
....
творог

ኬክ
....
пирог

እንቁላል
....
яйцо

እንቁላል ጥብስ
....
яичница

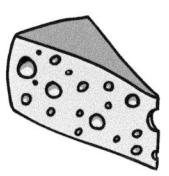

አይብ
....
сыр

የበረዶ ክሬም
....
мороженое

ስኳር
....
сахар

ማር
....
мёд

ማርማላት
....
мармелад

የተናጠ የወተት ክሬም
....
крем с нугой

ማጣፈጫ
....
карри

እርሻ
ферма

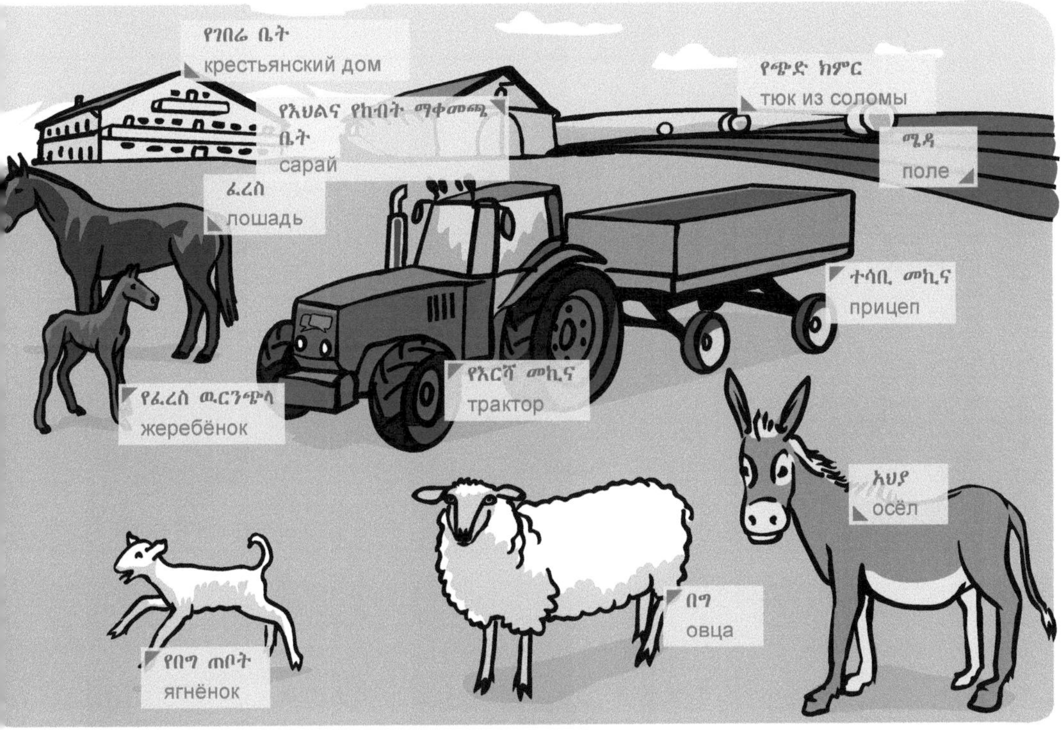

የገበሬ ቤት
крестьянский дом
የእህልና የከብት ማቀመጫ ቤት
сарай
የጭድ ክምር
тюк из соломы
ሜዳ
поле
ፈረስ
лошадь
ተሳቢ መኪና
прицеп
የእርሻ መኪና
трактор
የፈረስ ዉርንጭላ
жеребёнок
አህያ
осёл
በግ
овца
የበግ ጠቦት
ягнёнок

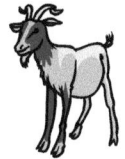

ፍየል

коза

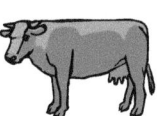

ላም

корова

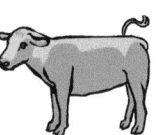

ጥጃ

телёнок

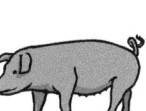

አሳማ

свинья

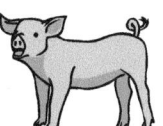

ግልገል አሳማ

поросёнок

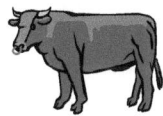

ኮርማ

бык

ዝይ

гусь

ዳክዬ

утка

የዶሮ ጫጩት

цыплёнок

ዶር

курица

አዉራ ዶሮ

петух

አይጥ

крыса

ደድመት

кошка

አይጥ

мышь

በሬ

вол

ዉሻ

собака

የዉሻ ቤት

конура

የአትክልት ቦታ

садовый шланг

ዉሃ ማጠጫ ባልዲ

лейка

ረጅም ማጭድ

коса

ማረሻ

плуг

ማጭድ

серп

መኮትኮቻ

мотыга

የእህል መንሽ

навозные вилы

መጥረቢያ

топор

ኩርኩር/ የእጅ ጋሪ

тачка

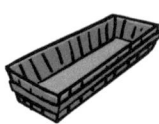

ገንዳ

корыто

የወተት ዕቃ

бидон для молока

ጆንያ ከረጢት

мешок

አጥር

забор

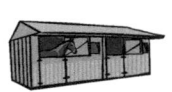

የፈረስ ጋጣ

хлев

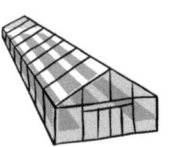

ዕፅዋት ማሳደጊያ የመስታዉት ቤት

теплица

አፈር

почва

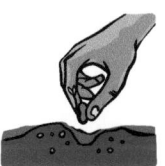

ዘር

посев

የሜሬት ማዳበሪያ

удобрение

ጥምር ማረሽ

комбайн

አዝመራ መሰብሰብ

собирать урожай

አዝመራ

урожай

ድንች

ямс

ስንዴ

пшеница

ሶያ

соя

ድንች

картофель

በቆሎ

кукуруза

የከብት መኖ

рапс

የፍሬ ዛፍ

фруктовое дерево

የካሳቫ ዛፍ

маниок

እህል

злаки

የጪስ ማዉጫ
ДЫМОХОД

ጣሪ
крыша

አሽንዳ
водосточный желоб

መስኮት
окно

ጋራዥ
гараж

የበር ደወል
звонок

በር
дверь

የቆሻሻ ማጠራቀሚያ
мусорное ведро

ፖስታ ሳጥን
почтовый ящик

የአትክልት ቦታ
сад

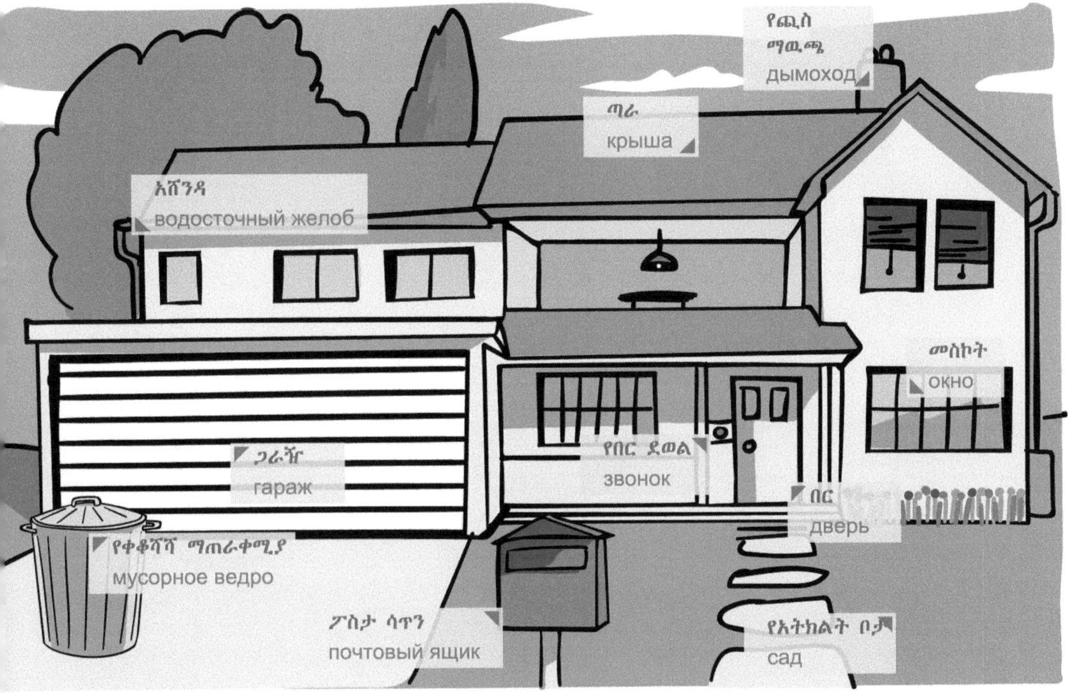

ሳሎን
....
гостиная

መታጠቢያ ቤት
....
ванная комната

ማድቤት
....
кухня

መኝታ ቤት
....
спальня

የልጅ ክፍል
....
детская комната

መመገቢያ ክፍል
....
столовая

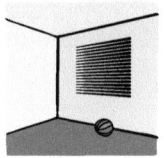

ወለል

пол

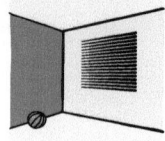

ግድግዳ

стена

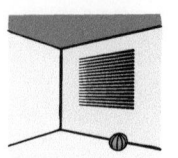

ጣሪያ

потолок

ምድር ቤት

подвал

በእንፋሎት ሙቀት መታጠቢያ ቤት

сауна

ሰገነት

балкон

ከፍ ያለ መደብ

терраса

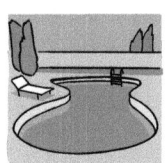

የመዋኛ ገንዳ

бассейн

የማጨጃ መኪና

газонокосилка

አንሶላ

пододеяльник

የአልጋ ልብስ

покрывало

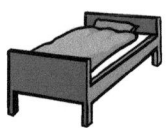

አልጋ

кровать

መ ረጊያ

метла

ባልዲ

ведро

ማብሪያና ማ ፊያ

выключатель

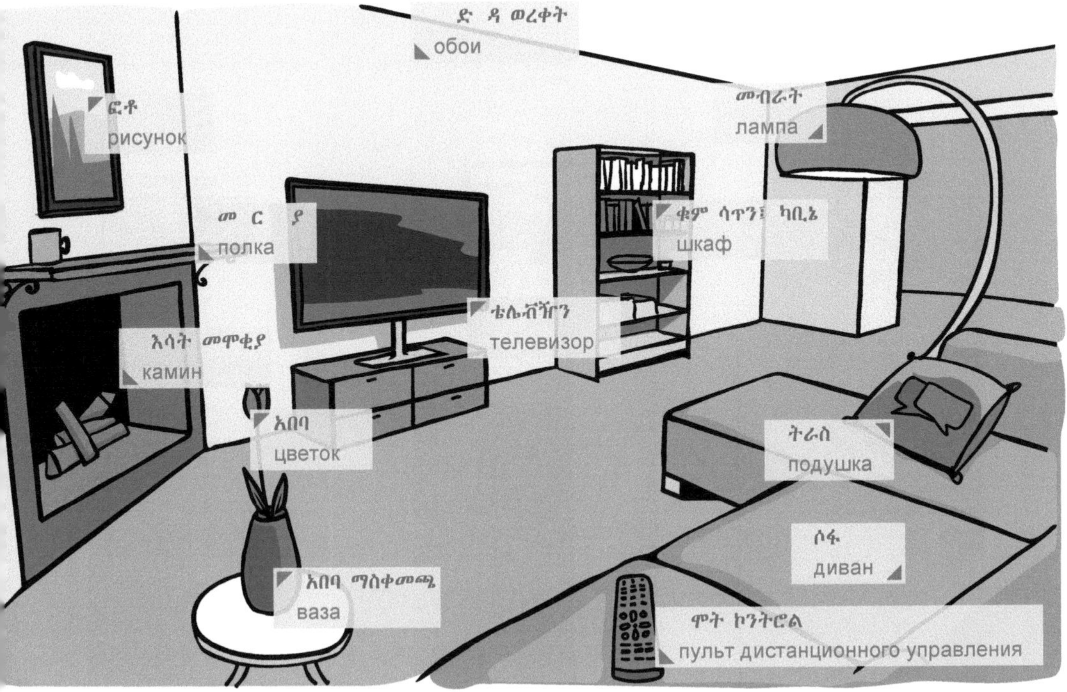

ድ ዳ ወረቀት
обои

ፎቶ
рисунок

መብራት
лампа

መ ር ያ
полка

ቁም ሳጥን፤ ካቢኔ
шкаф

ቴሌቭዥን
телевизор

እሳት መሞቂያ
камин

አበባ
цветок

ትራስ
подушка

ሶፋ
диван

አበባ ማስቀመጫ
ваза

ሞት ኮንትሮል
пульт дистанционного управления

ንጣፍ

ковёр

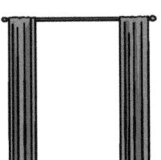

መጋረጃ

штора

ጠረጴዛ

стол

ወንበር

стул

ተወዛዋዥ ወንበር

кресло-качалка

ባለም ገፊያ ወንበር

кресло

መጽሐፍ

книга

ብርድ ልብስ

покрывало

ጌጥ

украшение

ማገዶ

дрова

ፊልም

фильм

የሙዚቃ መጫጫወቻ

стереосистема

ቁልፍ

ключ

ጋዜጣ

газета

ስዕል

картина

የተለጠፈ ማስታወቂያ እንደ ስዕል

плакат

ራዲዮ

радио

ማስታወሻ ደብተር

блокнот

የአየር ማዕጿ ለምንጣፍ

пылесос

ቁልቁል

кактус

ሻማ

свеча

ማድቤት
кухня

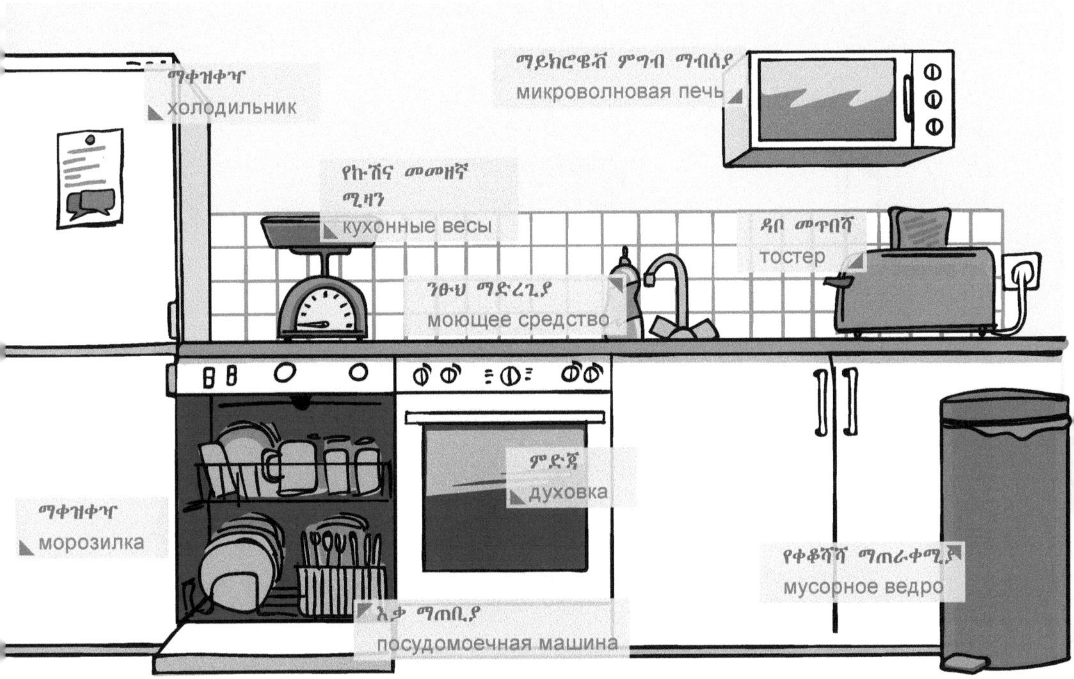
ማቀዝቀዣ
холодильник
ማይክሮዌቭ ምግብ ማብሰያ
микроволновая печь
የኩሽና መመዘኛ ሚዛን
кухонные весы
ዳቦ መጥበሻ
тостер
ንፁህ ማድረጊያ
моющее средство
ምድጃ
духовка
ማቀዝቀዣ
морозилка
የቆሻሻ ማጠራቀሚያ
мусорное ведро
እቃ ማጠቢያ
посудомоечная машина

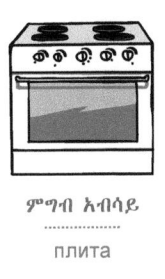

ምግብ አብሳይ
плита

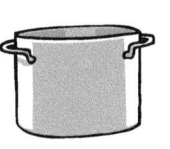

ማሰሮ
кастрюля

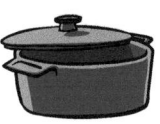

የብረት ማሰሮ
чугунный котелок

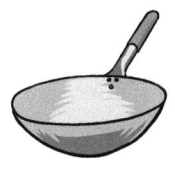

ምግብ ማብሰያ ዝርግ ድስት
вок / кадай

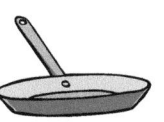

የምግብ መጥበሻ
сковорода

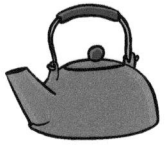

ማንቆርቆሪያ
чайник

የእንፋሎት ማብሰያ

пароварка

የመጋገሪያ ትሪ

противень

ሰብ ቦች

посуда

ትቅ ኩባያ

кружка

ጎድጓዳ ሳህን

миска

ፕ ቲክ

палочки для еды

ፉ

половник

መሰቅሰቂያ ዝርግ ማንኪያ

лопатка

ማደባለቂያ

сбивалка

መወጠሪያ

сито

ወንፊት

сито

መፍርፈሪያ መሳሪያ

тёрка

ሲሚንቶ

ступка

የፍም ጥብ

гриль

የተለቀቀ እሳት

костёр

መክተፊያ

доска

ተንሽራታች መርፌ

скалка

የጠርሙስ መክፈቻ

штопор

ጣሳ

жестяная банка

የጣሳ መክፈቻ

консервный нож

የማሰሮ መሸፈኛ

прихватка

ሳህን ማጠቢያ

раковина

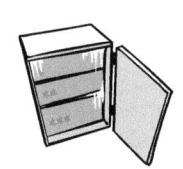

ብሩሽ

щетка

ስፖንጅ

губка

መደባለቂያ መሳሪያ

миксер

በጣም ማቀዝቀዣ

морозильная камера

ጡጦ

бутылочка для кормления

ቧንቧ

кран

መታጠቢያ ቤት

ванная комната

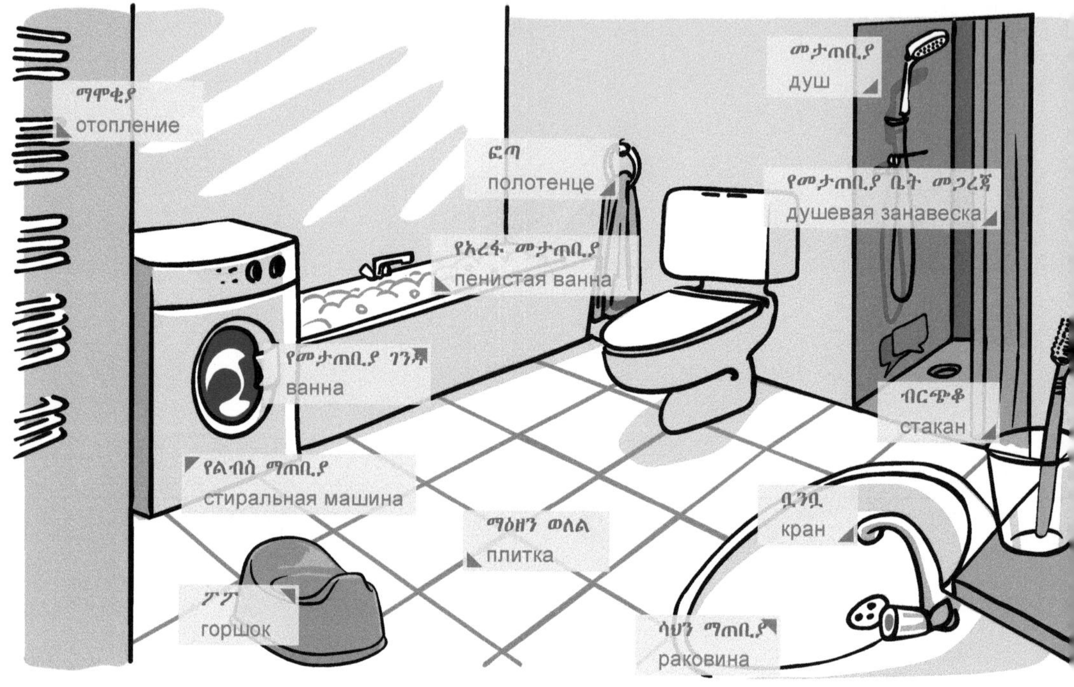
ማሞቂያ
отопление
መታጠቢያ
душ
ፎጣ
полотенце
የመታጠቢያ ቤት መጋረጃ
душевая занавеска
የአረፋ መታጠቢያ
пенистая ванна
የመታጠቢያ ገንዳ
ванна
ብርጭቆ
стакан
የልብስ ማጠቢያ
стиральная машина
ቧንቧ
кран
ማዕዘን ወለል
плитка
ፖፖ
горшок
ሳህን ማጠቢያ
раковина

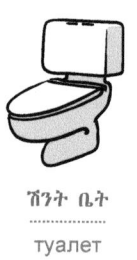

ሽንት ቤት

туалет

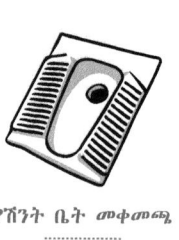

የሽንት ቤት መቀመጫ

напольный унитаз

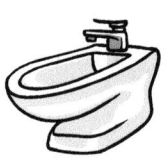

ሳፋ

биде

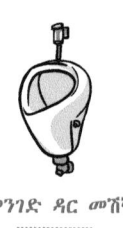

የመንገድ ዳር መሽኛ

писсуар

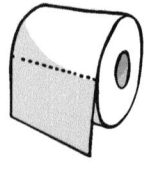

የሽንት ቤት ወረቀት

туалетная бумага

የሽንት ቤት ማፅጃ ብሩሽ

ершик

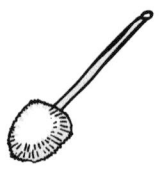

የጥርስ ብሩሽ

зубная щетка

የጥርስ ሙና

зубная паста

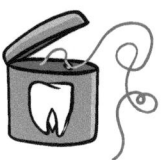

የጥርስ ማፅጃ ክር

зубная нить

መታጠብ

мыть

የእጅ መታጠቢያ

ручной душ

መታጠቢያ

интимный душ

ጎድንዳ ህን

таз

የጀርባ ብሩሽ

щетка для спины

ሙና

мыло

የመታጠቢያ የሚዝለገለግ ሙና

гель для душа

የፀጉር መታጠቢያ ሙና

шампунь

ለሰላ ጨርቅ

мочалка

ፍ ሽ

сток

ክሬም

крем

ጠረን መቀየሪያ ንጥረ ነገር

дезодорант

መስታወት
зеркало

የእጅ መስታወት
ручное зеркало

ምላጭ
бритва

የመላጫ አረፋ
пена для бритья

ከመላጨት በኋላ የሚቀባ ሽቱ
лосьон после бритья

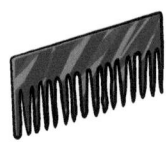

ማበጠሪያ
расческа

ብሩሽ
щетка

የፀጉር ማድረቂያ
фен

በፀጉር ላይ የሚነፋ
лак для волос

የፊት መቀባቢያ
косметика

የከንፈር ቀለም
губная помада

የጥፍር ቀለም
лак для ногтей

የጥጥ ሱፍ
вата

ጥፍር መቁረጫ
маникюрные ножницы

ሽቶ
духи

ማጠቢያ ባልዲ
....
косметичка

መቀመጫ
....
табуретка

ዛን
....
весы

የመታጠቢያ ልብስ
....
халат

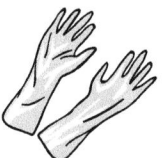

የላስቲክ ጓንት
....
резиновые перчатки

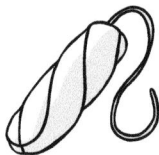

ሞዴስ
....
тампон

የዕዳት ፎጣ
....
гигиеническая прокладка

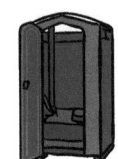

የሽንት ቤት ኬ ካል
....
биотуалет

የልጅ ክፍል

детская комната

የማንቂያ ደዉል ሰዐት
будильник
የህፃን አሻንጉሊት
мягкая игрушка
የመጫወቻ መኪና
игрушечный автомобиль
ማንገጫገጫ መጫወቻ
погремушка
የአሻንጉሊት ቤት
кукольный домик
ስጦታ
подарок

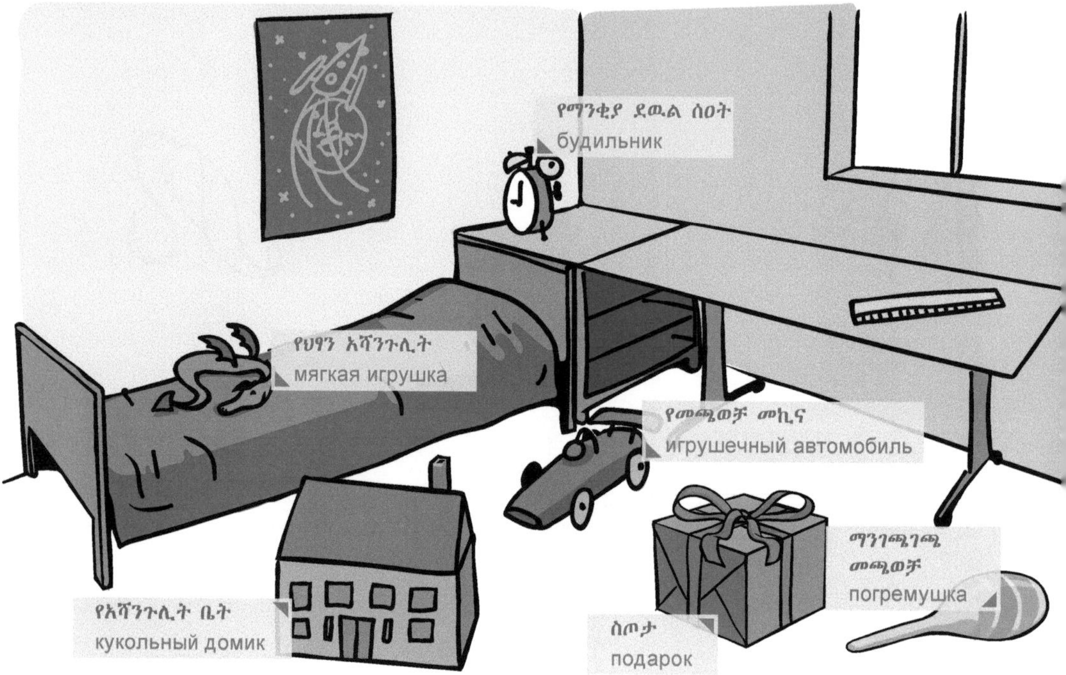

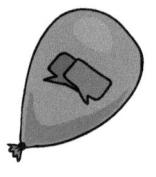

ፊኛ

воздушный шар

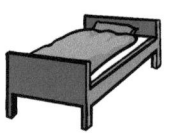

አልጋ

кровать

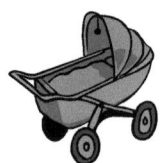

የህፃን ማንሸራሸሪያ ጋሪ

детская коляска

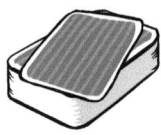

የ ርታ መጫወቻ

карточная игра

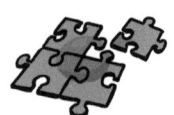

ቁርጥራጭ ምስሎችን የማገጣጠም እና ምስል የማግኘት ጨዋታ

пазл

SUPER MEGA

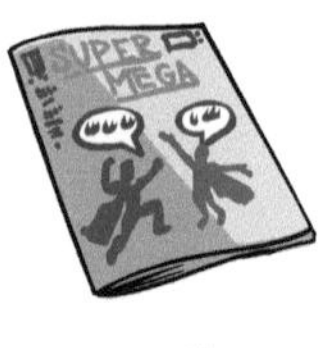

አዝናኝ

комикс

ገጣጣሚ መጫወቻ

кирпичики Лего

የመጫወቻ መገጣጠሚያዎች

кубики

የድርጊት ምስል

игрушечная фигурка

የህፃን እድገት

ползунки

የ ላስቲክ መጫወቻ ዝርግ ሰሀን

фрисби

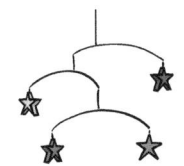

ወዛዋዥ የህፃን ማጫወቻ

мобиле

የሰሌዳ ጨዋታ

настольная игра

የመጫወቻ ጠጠር

кубик

የመጫወቻ ባቡር

модель железной дороги

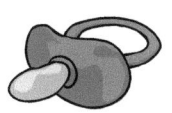

የእን ራ እናት ጡጦ

соска

ድግስ

вечеринка

የስዕል መፅሀፍ

книга с картинками

ኳስ

мяч

አሻንጉሊት

кукла

መጫወት

играть

የአሸዋ መጫወቻ

песочница

ዥዋዥዌ

качели

መጫወቻዎች

игрушка

የቪዲዮ መጫወቻ

игровая приставка

ባለ ሶስት ጎማ ብስክሌት

трёхколесный велосипед

የአሻንጉሊት ድብ

плюшевый медвежонок

ቁምሳጥን

шкаф для одежды

አልባሳት

одежда

ካልሲዎች

носки

ስቶኪንጎች

чулки

ታይት

колготки

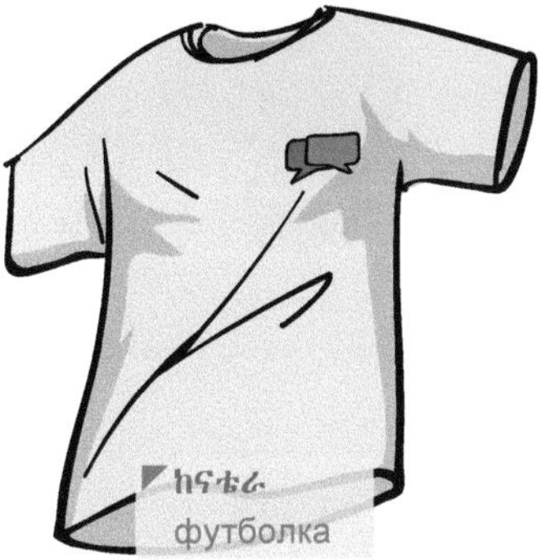

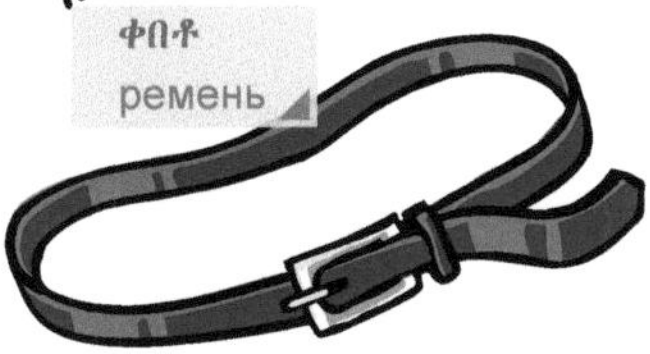

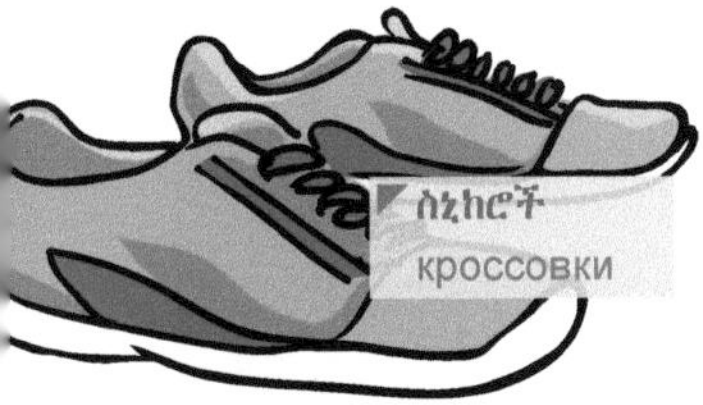

ንጉት ልብስ
шарф

ግንጥላ
зонтик

ቀበቶ
ремень

ክናቴራ
футболка

ቦቲ
сапоги

ቤት ዉስጥ ነጠላ ጫማ
тапки

ስኒከሮች
кроссовки

ነጠላ ጫማዎች
....
сандалии

ጫማዎች
....
ботинки

ዝናብ ቡትስ
....
резиновые сапоги

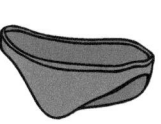

ሙታንታ
....
трусы

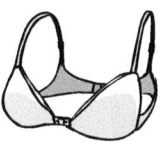

ጡት መያዣ
....
бюстгальтер

ሰደርያ
....
майка

ሰዉነት
....
боди

ሱሪዎች
....
брюки

ጅንስ
....
джинсы

ጉርድ ቀሚስ
....
юбка

ሸሚዝ
....
блузка

ሸሚዝ
....
рубашка

የሚጠለቅ ሹራብ
....
свитер

ሹራብ
....
свитер

ዩኒፎርም ጃኬት
....
спортивная куртка

ጃኬት
....
жакет

ኮት
....
пальто

የዝናብ ኮት
....
плащ

ልብስ
....
костюм

ቀሚስ
....
платье

የመሙሽራ ቀሚስ
....
свадебное платье

ሱፍ

мужской костюм

የለሊት ልብስ

ночная сорочка

የለሊት ልብስ

пижама

ረጅም ቀሚስ

сари

ሂጃብ

платок

ጥምጣም

тюрбан

ቡርቃ

паранджа

ሸርጥ

кафтан

አባያ

абайя

የዋና ልብስ

купальник

አጭር ቁምጣ

плавки

ቁምጣዎች

шорты

የስራ ቁታ

спортивный костюм

ሸርጥ

фартук

ጓንት

перчатки

ቁልፍ

пуговица

መነፅር

очки

አምባር

браслет

የአንገት ሀብል

цепочка

ቀለበት

кольцо

የጆሮ ጌጥ

серьга

ኮፍያ

шапка

የኮት መስቀያ

вешалка

ኮፍያ

шляпа

ከረባት

галстук

ዚፕ

застежка молния

የብረት ቆብ

шлем

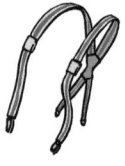

መደገፊያ

подтяжки

የትምህርት ቤት የደንብ ልብስ

школьная форма

የደንብ ልብስ

форма

መሀረብ

детский нагрудник

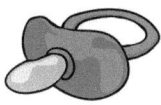

የእንጀራ እናት ጡጦ

соска

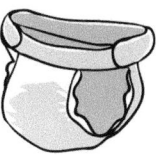

ሸንት ጨርቅ

подгузник

ማሰራጫ ጣቢያ
сервер

የፋይል መደርደሪያ ካቢኔ
канцелярский шкаф

የህትመት መሳሪያ
принтер

መቆጣጠሪያ
монитор

ወረቀት
бумага

ማህደር
папка

መፃፊያ ጠረጴዛ
письменный стол

ማውዝ
мышь

የመፃፊ ቁልፎች
клавиатура

የቆሻሻ ወረቀት መጣያ ቅርጫት
корзина для бумаг

ኮምፒውተር
компьютер

ወንበር
стул

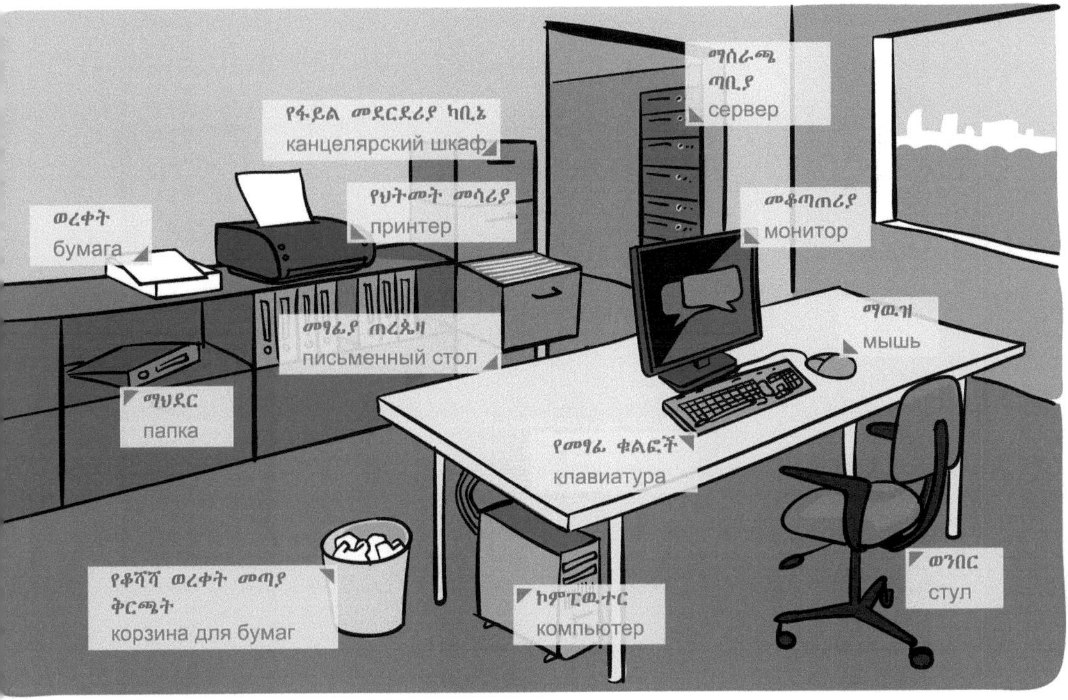

የቡና መጠጫ ትልቅ ኩባያ

кофейная кружка

ማስልያ ማሽን

калькулятор

ኢንተርኔት

интернет

ላፕቶፕ

ноутбук

ደብዳቤ

письмо

መልዕክት

сообщение

ተንቀሳቃሽ ስልክ

мобильный телефон

የግንኙነት አዉታር

сеть

ማባዣ ማሽን

ксерокс

ሶፍትዌር

программа

ስልክ

телефон

የግድግዳ ሶኬት

розетка

የፋክስ ማሽን

факс

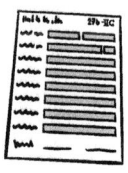

ቅፅ

формуляр

ሰነድ

документ

መግዛት

покупать

መ ፈል

платить

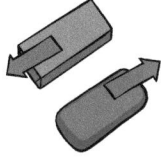

መ ገድ

торговать

ገ ዘብ

деньги

ላር

доллар

ዮሮ

евро

የ

иена

ሩብል

рубль

የስዊዝ ፍራ

франк

ራ ሚ ቢ ዮዋ

жэньминьби юань

ሩጺ

рупия

የገ ዘብ ጥብ

банкомат

የዉጭ ገንዘብ ምንዛሪ ቢሮ

пункт обмена валюты

ወርቅ

золото

ብር

серебро

ዘይት

нефть

ሀይል፤ ጉልበት

энергия

ዋጋ

цена

ግንኙነት

договор

ቀረጥ

налог

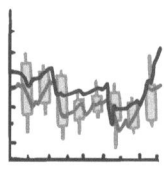

አክስዮን

акция

መስራት

работать

ተቀጣሪ

служащий

ቀጣሪ

работодатель

ፋብሪካ

фабрика

ሱቅ

магазин

የስራ ሙያዎች

профессии

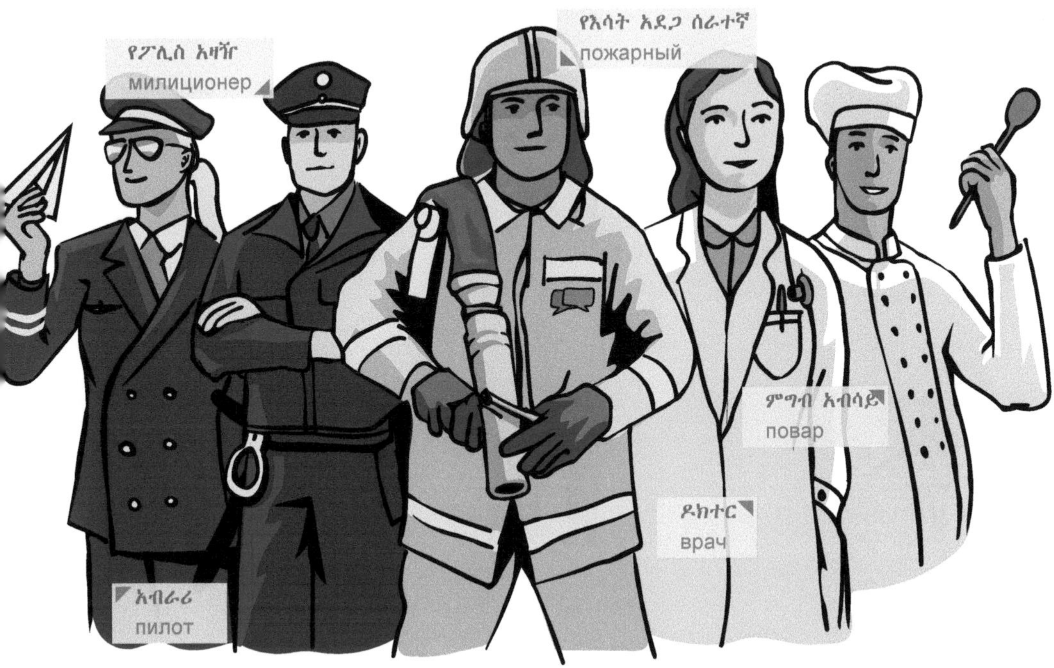
የፖሊስ አዛዥ
милиционер
የእሳት አደጋ ሰራተኛ
пожарный
ምግብ አብሳይ
повар
ዶክተር
врач
አብራሪ
пилот

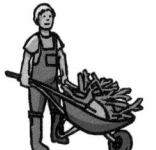

አትክልተኛ

садовник

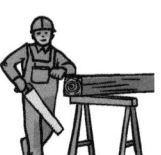

አናጢ

столяр

ልብስ ሰፊ ሴት

швея

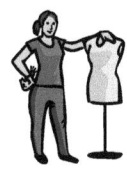

ዳኛ

судья

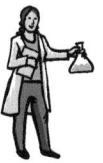

ቀማሚ

химик

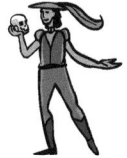

ተዋናይ

актёр

የአዉቶቢስ ሹፌር

водитель автобуса

የታክሲ ሹፌር

таксист

አሳ አጥማጅ

рыбак

ፅዳት ሰራተኛ

уборщица

የጣራ ሰራተኛ

кровельщик

አስተናጋጅ

официант

አዳኝ

охотник

ሰዓሊ

художник

ጋጋሪ

пекарь

የኤሌትሪክ ሰራተኛ

электрик

ገምቢ

строитель

መሃሃዲስ

инженер

ልኳንዳ

мясник

የቧንቧ ሰራተኛ

сантехник

የፖስታ ሰራተኛ

почтальон

ወታደር

солдат

መሃንዲስ

архитектор

የሒሳብ ሰራተኛ

кассир

አበባ ሻጭ

флорист

የፀጉር ሰራተኛ

парикмахер

ቲኬት ቆራጭ

кондуктор

መካኒክ

механик

ካፒቴን

капитан

የጥርስ ሐኪም

зубной врач

ተመራማሪ

учёный

መምህር

раввин

የሙስሊም ሃይማኖታዊ መሪ

имам

መነኩሴ

монах

ካህን

священник

መሳሪያዎች

инструменты

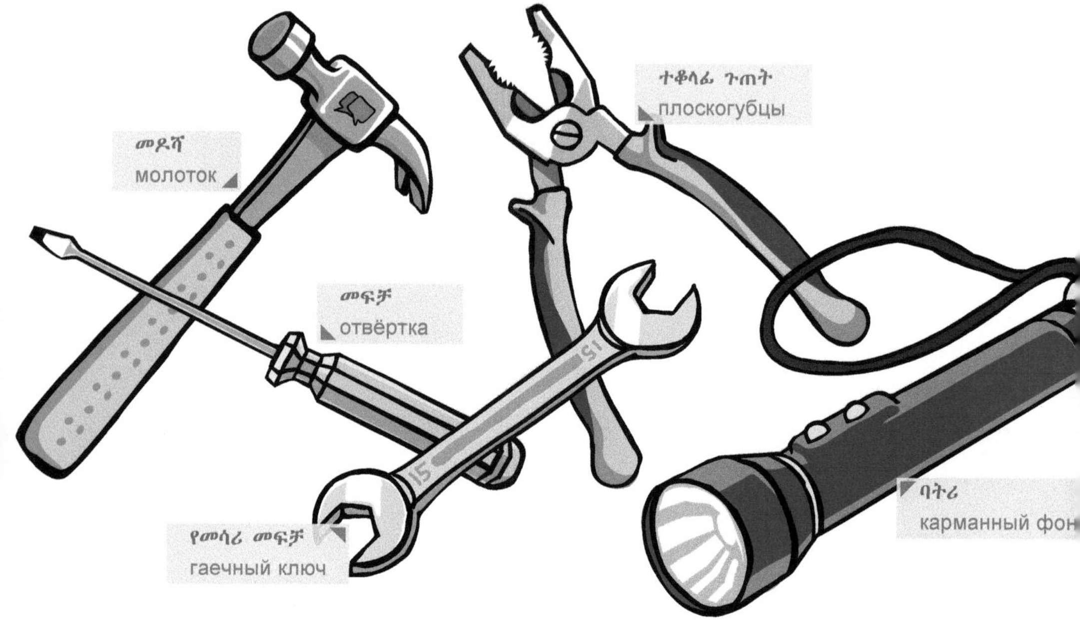

መዶሻ
молоток
ተቆላፊ ጉጠት
плоскогубцы
መፍቻ
отвёртка
ባትሪ
карманный фон
የመሳሪ መፍቻ
гаечный ключ

በቁፋሮ የሚዝቅ

экскаватор

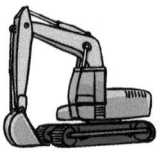

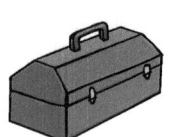

የመፍቻ ሳጥን

ящик для инструментов

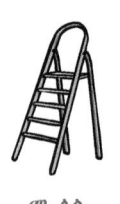

መ ላል

стремянка

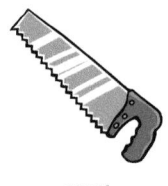

መጋዝ

пила

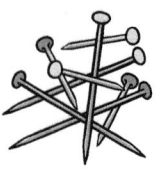

ምስማር

гвозди

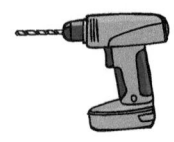

መ ር ሪያ

дрель

መጠገን
ремонтировать

አካፋ
лопата

የተረገመ!
Блин!

ቆሻሻ ማፈሻ
совок

የቀለም ቆርቆር
ведро с краской

ብሎን
винты

የሙዚቃ መሳሪያዎች

музыкальные инструменты

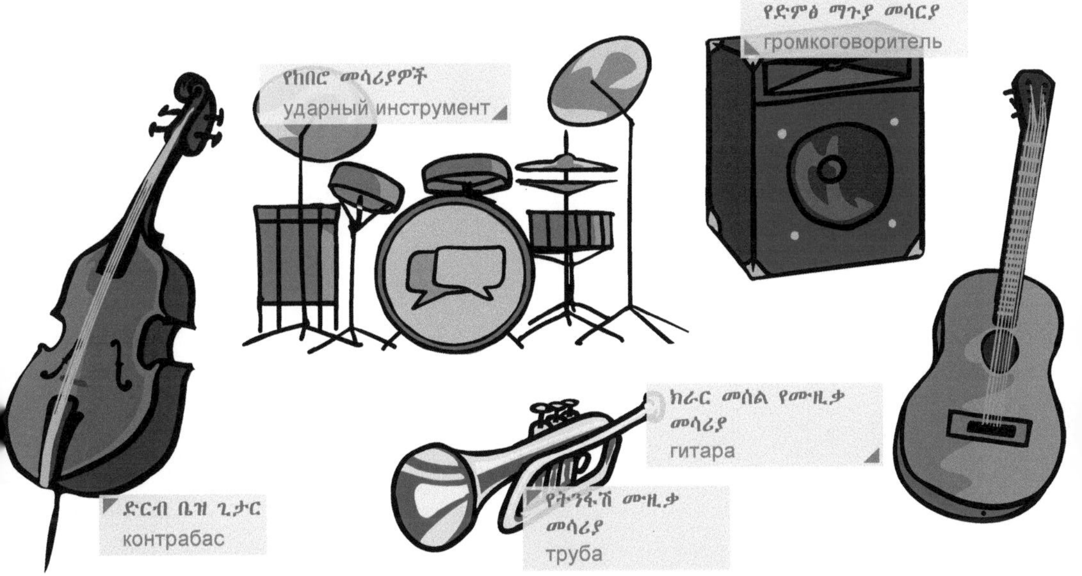

የከበሮ መሳሪያዎች
ударный инструмент

የድምፅ ማጉያ መሳሪያ
громкоговоритель

ክራር መሰል የሙዚቃ መሳሪያ
гитара

ድርብ ቤዝ ጊታር
контрабас

የትንፋሽ ሙዚቃ መሳሪያ
труба

ፒያኖ

пианино

ቫዮሊን

скрипка

ወፍራም፤ ጎርናና ድምፅ ያለዉ ክራር መሰል ሙዚቃ መሳሪያ

бас-гитара

ነጋሪት

литавры

ከበሮ

барабан

በኤሌክትሪክ የሚሰራ ፒያኖ

синтезатор

የትንፋሽ ሙዚቃ መሳሪያ

саксофон

ዋሽንት

флейта

የድምፅ ማጉያ

микрофон

የደር እንስሳት ማቆያ

зоопарк

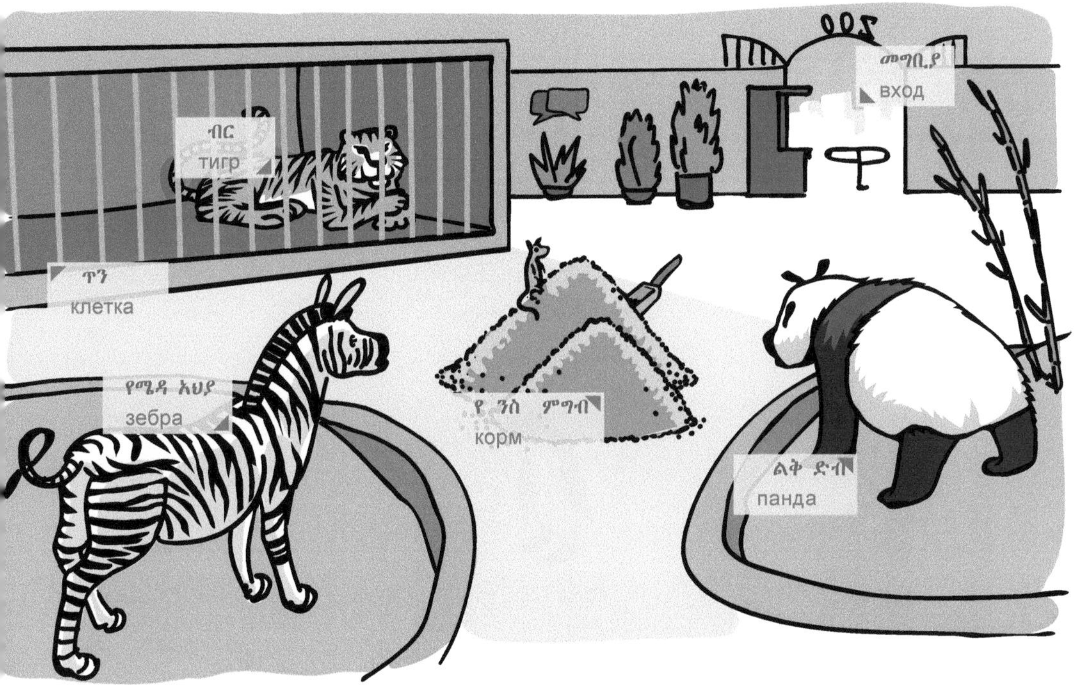

ብር
тигр
ጥን
клетка
መግቢያ
вход
የሜዳ አህያ
зебра
የ ንስ ምግብ
корм
ልቅ ድብ
панда

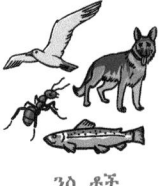

ንስ ቶች

животные

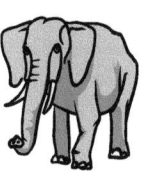

ዝሆን

слон

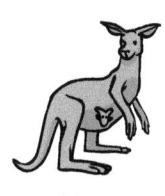

ካንጋሮ

кенгуру

አዉራሪስ

носорог

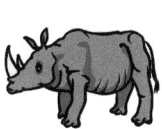

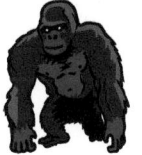

ልቅ ዝንጀሮ

горилла

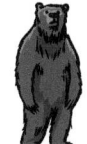

ድብ

медведь

ግመል

верблюд

ሰጎን

страус

አንበሳ

лев

ጦጣ

обезьяна

ቅልጥም ረዥም ወፍ

фламинго

በቀቀን

попугай

የወዋልታ ድብ

белый медведь

የዋልታ ወፎች

пингвин

ረጅም ጥርሶች ያሉትአሳ ነባሪ

акула

ጣዎስ

павлин

እባብ

змея

አዞ

крокодил

የዱር አራዊት የሚጠበቁበት ማቆያን የሚጠብቅ

служитель зоопарка

አሳ በሊታ የባህር እንስሳ

тюлень

የዱር ድመት

ягуар

ድንክ ፈረስ
пони

ነብር
леопард

ጉማሬ
бегемот

ቀጭኔ
жираф

ንስር
орёл

ከርከሮ
кабан

አሳ
рыба

የባህር ኤሊ
черепаха

የባህር አውሬ
морж

ቀበሮ
лиса

የሜዳ ፍየል፤ ሚዳቋ
газель

የአሜሪካ እግርኳስ
американский футбол

የብስክሌት ስፖርት
езда на велосипеде

ቴኒስ
теннис

የቅርጫት ኳስ
баскетбол

ዋና
плавание

የቦጢ ስፖርት
бокс

የበረዶ ላይ የገና ጨዋታ
хоккей

እግር ኳስ

футбол

የላባ ኳስ ጨዋታ

бадминтон

አትሌቲክስ

лёгкая атлетика

የእጅ ኳስ ስፖርት

гандбол

የበረዶ መንሸራተት ስፖርት

лыжный спорт

ፈረስ ግልቢያ

поло

መግለል
прыгать

ማቀፍ
обнимать

መሳቅ
смеяться

መዘመር
петь

መራመድ
идти

ህልም ማለም
мечтать

መፀለይ
молиться

መሳም
целовать

መፃፍ
писать

መሳል
рисовать

ማሳየት
показывать

መግፋት
нажимать

መስጠት
давать

መዉሰድ
брать

መያዝ
....
иметь

ማድረግ
....
делать

መሆን
....
быть

መቆም
....
стоять

መሮጥ
....
бежать

መሳብ
....
тянуть

መወርወር
....
бросать

መዉደቅ
....
падать

መዋሸት
....
лежать

መጠበቅ
....
ждать

መሸከም
....
носить

መቀመጥ
....
сидеть

መልበስ
....
надевать

መተኛት
....
спать

መንቃት
....
просыпаться

መመልከት

рассматривать

ማለልቀስ

плакать

መ ር

гладить

ማበጠር

причесывать

ማዉራት

говорить

መረዳት

понимать

ጥያቄ

спрашивать

ማዳመጥ

слушать

መጠጣት

пить

መብላት

кушать

ማንጻት

наводить порядок

ማፍቀር

любить

ምግብ ማብሰል

готовить

መንዳት

ехать

መብረር

летать

መርከብ መንዳት

ходить под парусом

ቁጥሮችን ማስላት

считать

ማንበብ

читать

መማር

учиться

መስራት

работать

ማግባት

вступать в брак

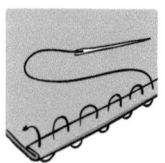

መስፋት

шить

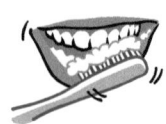

ጥርስ መቦረሽ

чистить зубы

መግደል

убивать

ማጨስ

курить

መላክ

отправлять

ቤተሰብ

семья

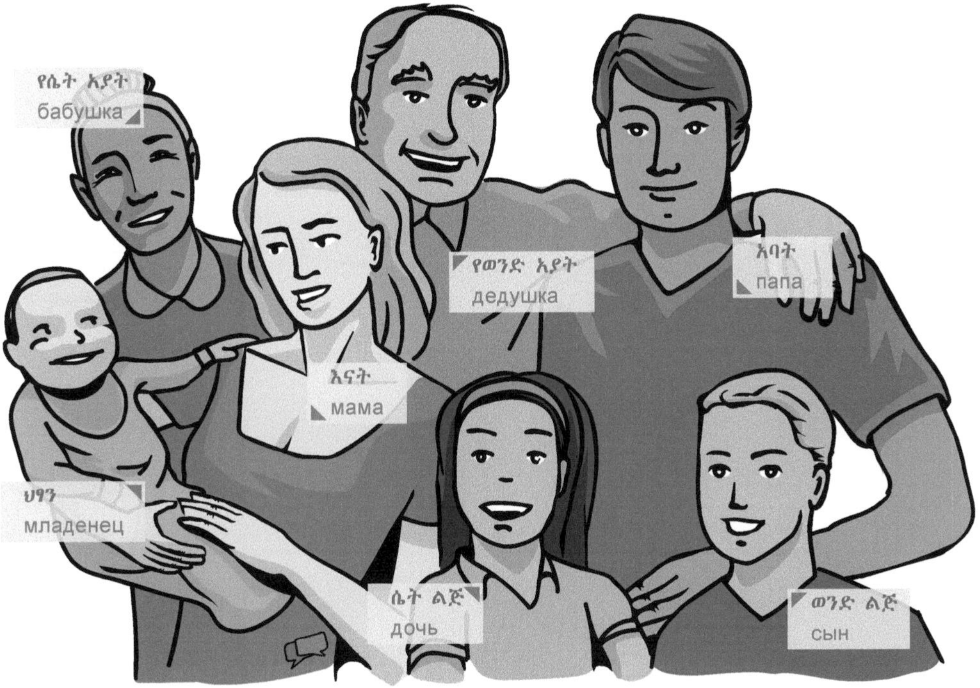
የሴት አያት
бабушка
የወንድ አያት
дедушка
አባት
папа
እናት
мама
ህፃን
младенец
ሴት ልጅ
дочь
ወንድ ልጅ
сын

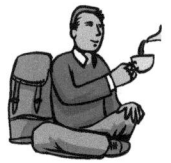

እንግዳ

гость

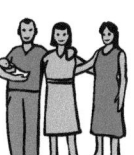

አክስት

тетя

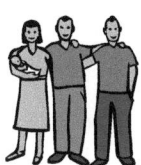

አጎት

дядя

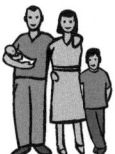

ወንድም

брат

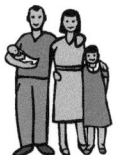

እህት

сестра

አካል

тело

ግንባር
лоб
አይን
глаз
ትከሻ
плечо
ጣት
палец
ፊት
лицо
አገጭ
подбородок
እጅ
кисть
እግር
нога
ጡት
грудь
ክንድ
рука

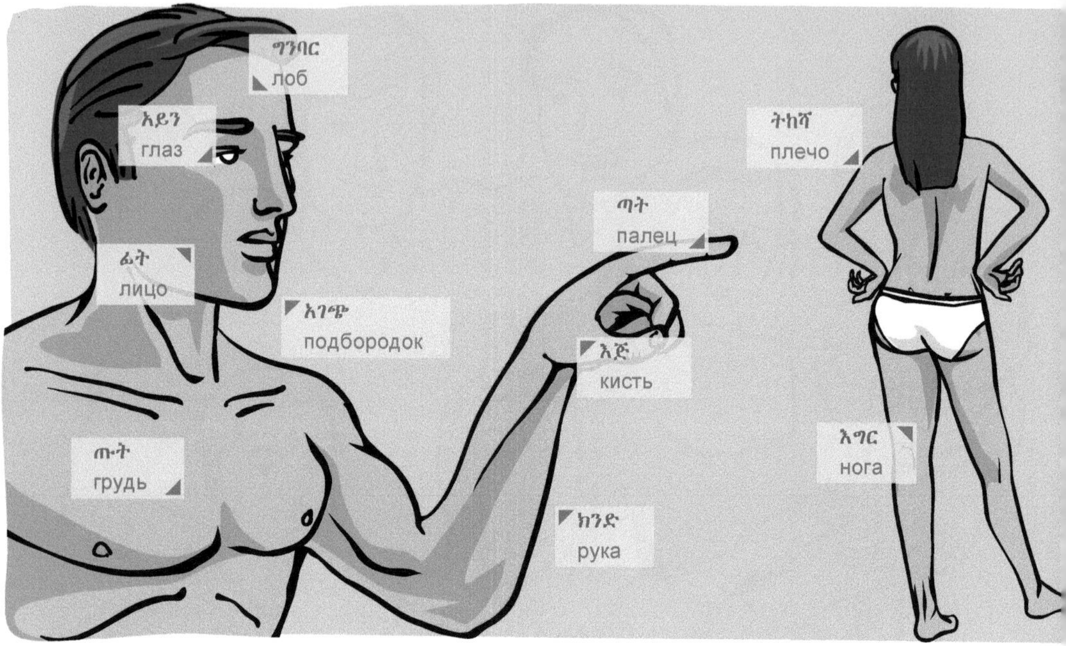

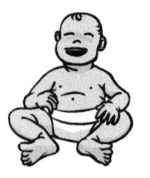

ህፃን

младенец

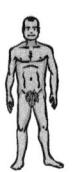

ሰዉ

мужчина

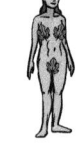

ሴት

женщина

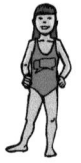

ልጃገረድ

девочка

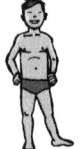

ወንድ ልጅ

мальчик

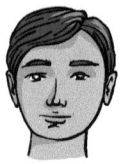

ራስ

голова

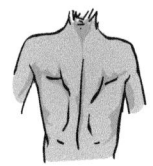

ጀርባ

спина

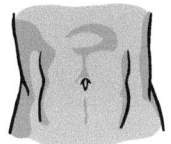

ሆድ

живот

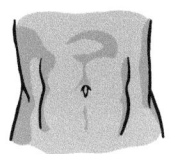

ምብርት

пупок

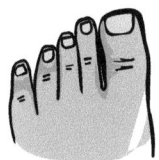

የ ግር ጣት

палец ноги

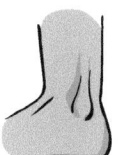

ተረከዝ

пятка

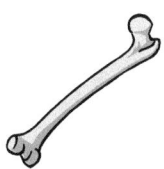

አጥንት

кость

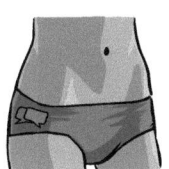

ዳሌ

бедро

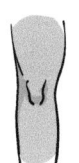

ጉልበት

колено

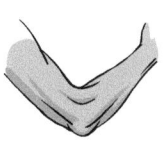

ክርን

локоть

አፍንጫ

нос

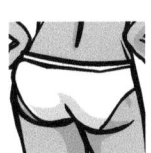

ቂጥ

ягодицы

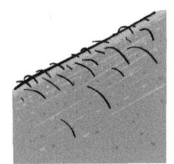

ቆዳ

кожа

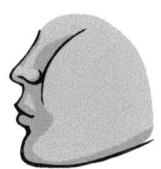

ጉንጭ

щека

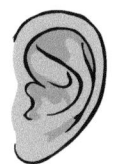

ጀር

ухо

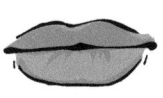

ከንፈር

губа

አካል - тело

አፍ

рот

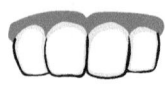

ጥርስ

зуб

ምላስ

язык

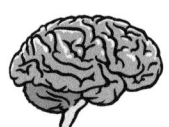

አንጎል

мозг

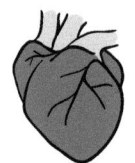

ልብ

сердце

ጡንቻ

мышца

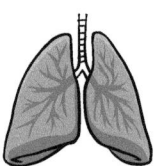

ሳምባ

лёгкое

ጉበት

печень

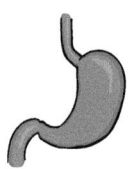

ሆድ

желудок

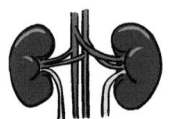

ኩላሊቶች

почки

የግብረስጋ ግንኙነት

половой акт

ኮንዶም

презерватив

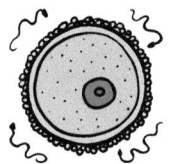

የሴት እንቁላል

яйцеклетка

የዘር ፈሳሽ

сперма

እርግዝና

беременность

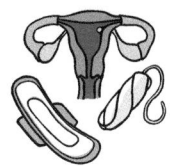

የወር አበባ
menструация

እምስ
вагина

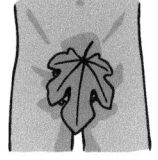

ቁላ
пенис

ቅንድብ
бровь

ፀጉር
волосы

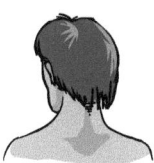

አንገት
шея

ሆስፒታል

больница

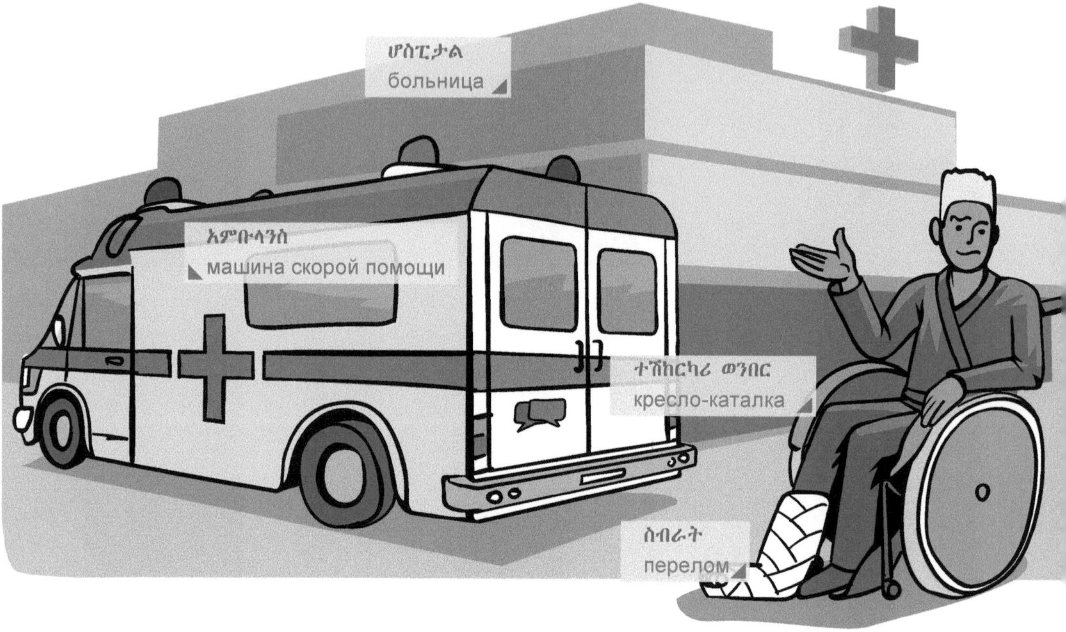

ሆስፒታል
больница
አምቡላንስ
машина скорой помощи
ተሽከርካሪ ወንበር
кресло-каталка
ስብራት
перелом

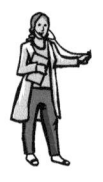

ዶክተር

врач

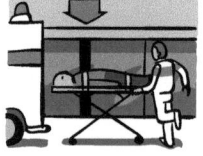

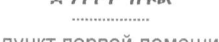

ድንገተኛ ክፍል

пункт первой помощи

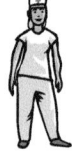

ነርስ

медсестра

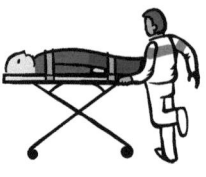

ድንገተኛ

неотложный случай

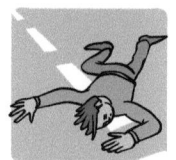

ራስን ሳት/ አለማወቅ

без сознания

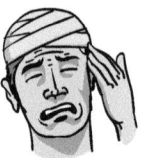

ህ ም

боль

ጉዳት
....
повреждение

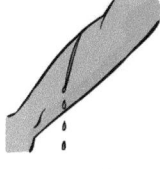

መድማት
....
кровотечение

የልብ ድካም
....
инфаркт

ስትሮክ
....
инсульт

አለርጂ
....
аллергия

ሳል
....
кашель

ትኩሳት
....
повышенная температура

ኢንፍሉዌንዛ
....
грипп

ተቅማጥ
....
понос

የራስ ምታት
....
головная боль

ካንሰር
....
рак

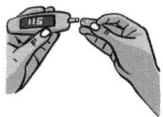

የስኳር በሽታ
....
диабет

ቀዶ ጠጋኝ ሐኪም
....
хирург

የቀዶ ጥገና ስለት
....
скальпель

ቀዶ ጥገና
....
операция

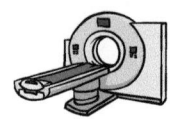

ሲቲ

КТ

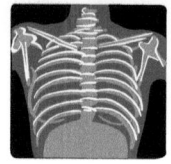

ኤክስሬይ

рентген

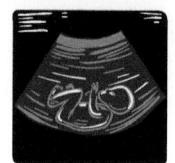

አልትራሳዉንድ

ультразвук

የፌት ጭምብል

маска

በሽታ

болезнь

መጠበቂያ ክፍል

приёмная

ምርኩዝ

костыль

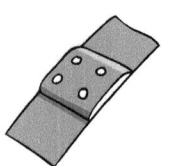

የቁስል ማሽጊያ

пластырь

ፋሻ

бинт

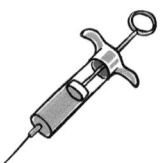

መርፌ

укол

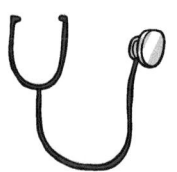

የልብ ምት ማዳመጫ መሳሪያ

стетоскоп

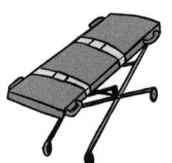

የበሽተኛ አልጋ

носилки

የህክምና ሙቀት መለኪያ መሳሪያ

термометр

መውለድ

рождение

ከልክ ያለፈ ክብደት

избыточный вес

ለመስማት የሚረዳ መሳሪያ

слуховой аппарат

ፀረ ተባይ መድሀኒት

дезинфекционное
средство

ማመርቀዝ

инфекция

ቫይረስ

вирус

ኤች አይቪ ኤድስ

ВИЧ / СПИД

ህክምና

лекарство

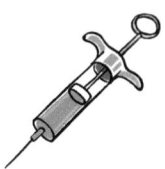

ክትባት

прививка

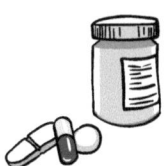

ኪኒን

таблетки

ኪኒን

противозачаточная
таблетка

አስቸኳይ የስልክ ጥሪ

экстренный вызов

ደም ግፊት መቆጣጠሪያ

прибор для измерения
кровяного давления

ህመም/ ጤንነት

больной / здоровый

ማንቂያ ደዉል

сигнал тревоги

ጥቃት

нападение

እርዳታ!

Помогите!

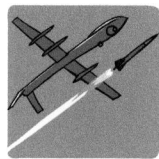

ድብደባ

атака

አደጋ

опасность

የድንገተኛ መዉጫ

запасной выход

እሳት ማጥፊያ

огнетушитель

አደጋ

несчастный случай

እሳት!

Пожар!

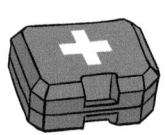

የመጀመሪያ እርዳታ መድሃኒት
ማያዣ
аптечка

ነፍስ አድን

SOS

ፖሊስ

милиция

አዉሮፓ

Европа

ሰሜን አሜሪካ

Северная Америка

ደቡብ አሜሪካ

Южная Америка

አፍሪካ

Африка

እስያ

Азия

አዉስትራሊያ

Австралия

አትላንቲክ

Атлантический океан

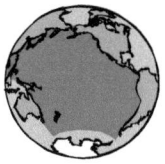

ፓስፊክ

Тихий океан

የህንድ ዉቅያኖስ

Индийский океан

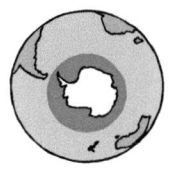

አንታርክቲክ ዉቅያኖስ

Антарктический океан

አርክቲክ ዉቅያኖስ

Северный Ледовитый
океан

ሰሜን ዋልታ

Северный полюс

ደቡብ ዋልታ

Южный полюс

አንታርክቲካ

Антарктика

ምድር

земля

መሬት

суша

ባህር

море

ደሴት

остров

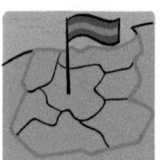

አገርና ህዝብ

нация

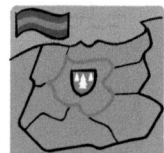

መንግስት

государство

78   **ምድር - земля**

የሰዓት ገፅታ
....
циферблат

ሰዓት
....
часовая стрелка

ደቂቃ
....
минутная стрелка

ሴኮንድ
....
секундная стрелка

ስንት ሰዓት ነው?
....
Который час?

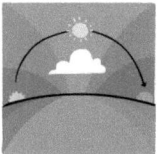

ቀን
....
день

ጊዜ
....
время

አሁን
....
сейчас

የቁጥር ሰዐት
....
электронные часы

ደቂቃ
....
минута

ሰዓታት
....
час

ሰኞ — понедельник	ረቡዕ — среда	ዓርብ — пятница
MO	W	FR
TU	TH	SA
ማክሰኞ — вторник	ቅዳሜ — суббота	SO
	ሐሙስ — четверг	እሁድ — воскресенье

ትላንት

вчера

ዛሬ

сегодня

ነገ

завтра

ማለዳ

утро

ቀትር

полдень

ምሽት

вечер

የስራ ቀናት

рабочие дни

የዕረፍት ቀናት

выходные

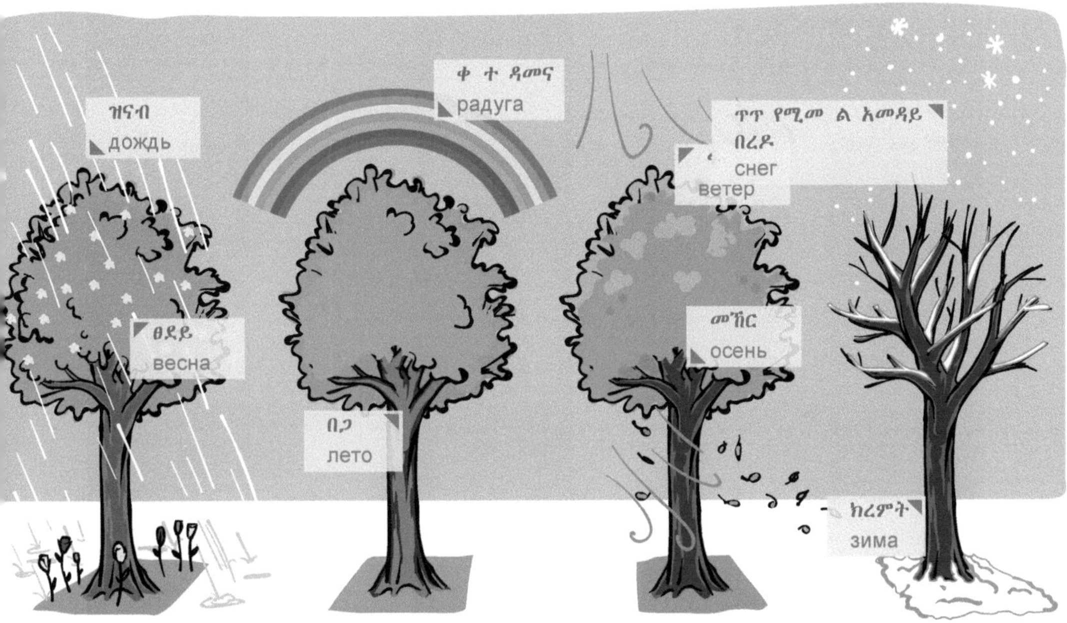

ቀስተ ደመና
▶ радуга

ዝናብ
▶ дождь

ጥጥ የሚመ ል አመዳይ
በረዶ
снег
ветер

ፀደይ
весна

በጋ
лето

መኸር
осень

ክረምት
зима

የአየር ሁኔታ ትንበያ

прогноз погоды

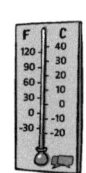

የ ቀት መለኪያ

термометр

የፀሀይ ቀት

солнечный свет

ደመና

туча

ጋግ

туман

እርጥበታማ ት

влажность воздуха

መብረቅ
....
молния

ነጎድጓድ
....
гром

አዉሎ ንፋስ
....
буря

የበረዶ ዝናብ
....
град

አዉሎ ንፋስ
....
муссон

ጎርፍ
....
наводнение

በረዶ
....
лёд

ጥር
....
январь

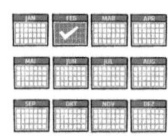

የካቲት
....
февраль

መጋቢት
....
март

ሚያዚያ
....
апрель

ግንቦት
....
май

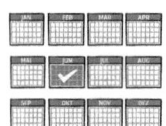

ሰኔ
....
июнь

ሐምሌ
....
июль

ነሐሴ
....
август

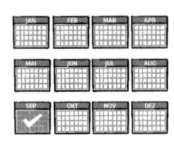

መስከረም

сентябрь

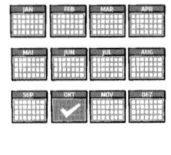

ጥቅምት

октябрь

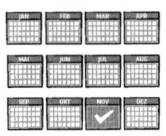

ህዳር

ноябрь

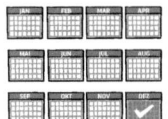

ታህሳስ

декабрь

ክብ

круг

አራት ማዕዘን

квадрат

አራት ጥተኛ ማዕዘኖች ጎኖች ያሉት ቅርፅ

прямоугольник

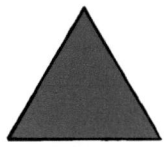

ስት ማዕዘን

треугольник

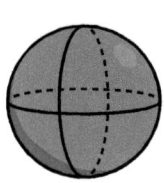

ሉል

шар

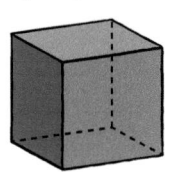

ስድስት ጎን ያለዉ ቅርፅ

куб

ነጭ
....
белый

ቢጫ
....
желтый

ብርቱካናማ
....
оранжевый

ሮዝ
....
розовый

ቀይ
....
красный

ወይን ጠጅ
....
лиловый

ሰማያዊ
....
синий

አረንጓዴ
....
зелёный

ቡኒ
....
коричневый

ግራጫ
....
серый

ጥቁር
....
черный

ብዙ/ ጥቂት

много / мало

ንዴት/ እርጋታ

яростный / мирный

ቆንጆ/ አስቀያሚ

красивый / уродливый

ጅማሬ/ ፍፃሜ

начало / конец

ትልቅ/ ትንሽ

большой / маленький

ደማቅ/ ደብዛዛ

светлый / темный

ወንድም/ እህት

брат / сестра

ንፁህ/ ቆሻሻ

чистый / грязный

የተሟላ/ ያልተሟላ

полный / неполный

ቀን/ ምሽት

день / ночь

የሞተ/ ህያዉ

мёртвый / живой

ሰፊ/ ጠባብ

широкий / узкий

የሚበላ/ የማይበላ

съедобный / несъедобный

ክፉ/ ደግ

злой / дружелюбный

ደስተኛ/ ድብርተኛ

взволнованный /
скучающий

ወፍራም/ ቀጭን

толстый / худой

መጀመርያ/ መጨረሻ

сначала / в конце

ጓደኛ/ ጠላት

друг / враг

ሙሉ/ ጎዶሎ

полный / пустой

ጠንካራ/ ለስላሳ

твёрдый / мягкий

ከባድ/ ቀላል

тяжёлый / легкий

ረሃብ/ ጥማት

голод / жажда

ህመም/ ጤንነት

больной / здоровый

ህገወጥ/ ህጋዊ

незаконный / законный

ጎበዝ/ ደደብ

умный / глупый

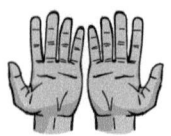

ግራ/ ቀኝ

слева / справа

ቅርብ/ ሩቅ

близко / далеко

አዲስ/ አሮጌ

новый / подержанный

ምንም/ የሆነ ነገር

ничто / нечто

ሽማግሌ/ ወጣት

старый / молодой

የበራ/ የጠፋ

включено / выключено

ክፍት/ ዝግ

открыто / закрыто

ፀጥታ/ ጫጫታ

тихо / громко

ሃብታም/ ደሃ

богатый / бедный

ትክክለኛ/ የተሳሳተ

правильный /
неправильный

ሻካራ/ ለስላሳ

шероховатый / гладкий

ሐዘን/ ደስታ

печальный / счастливый

አጭር/ ረዥም

короткий / длинный

ዝግተኛ/ ፈጣን

медленный / быстрый

እርጥብ/ ደረቅ

мокрый / сухой

ሞቃት/ ቀዝቃዛ

тёплый / прохладный

ጦርነት/ ሰላም

война / мир

0

ዜሮ
....
ноль

1

አንድ
....
один

2

ሁለት
....
два

3

ሶስት
....
три

4

አራት
....
четыре

5

አምስት
....
пять

6

ስድስት
....
шесть

7

ሰባት
....
семь

8

ስምንት
....
восемь

9

ዘጠኝ
....
девять

10

አስር
....
десять

11

አስራ አንድ
....
одиннадцать

12

አስራ ሁለት

двенадцать

13

አስራ ሶስት

тринадцать

14

አስራ አራት

четырнадцать

15

አስራ አምስት

пятнадцать

16

አስራ ስድስት

шестнадцать

17

አስራ ሰባት

семнадцать

18

አስራ ሰስምንት

восемнадцать

19

አስራ ዘጠኝ

девятнадцать

20

ሃያ

двадцать

100

መቶ

сто

1.000

ሺህ

тысяча

1.000.000

ሚሊዮን

миллион

እንግሊዝኛ

английский

የአሜሪካ እንግሊዝኛ

американский английский

የቻይና ማንዳሪን

мандаринский китайский

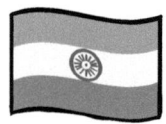

ሂንዱ

хинди

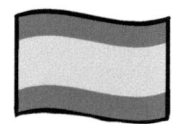

ስፓኒሽ

испанский

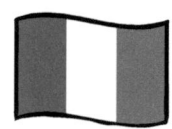

ፍሬንች

французский

አረብኛ

арабский

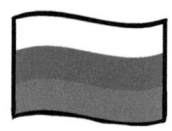

ራሺያኛ

русский

ፖርቹጊዝ

португальский

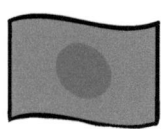

ቤንጋሊ

бенгальский

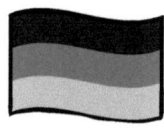

ጀርመን

немецкий

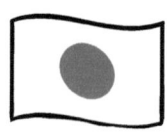

ጃፓንኛ

японский

እኔ

я

አንተ

ты

እሱ/ እርሷ/ እቃዉ

он / она / оно

እኛ

мы

አንተ

вы

እነርሱ

они

ማን?

кто?

ምን?

что?

እንዴት?

как?

የት?

где?

መቼ?

когда?

ስም

имя

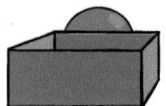

በስተጀርባ

за

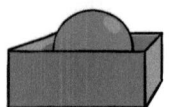

ውስጥ

в

ከፊት ለፊት

перед

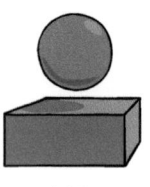

ከላይ

над

ላይ

на

ከስር

под

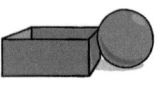

አጠገብ

рядом

መሃከል

между

ቦታ

место